国家社科基金项目（12BJY091）资助

湖南省社科联智库项目（ZK2017021）资助

振兴国际智库名家丛书

U0710852

农民工返乡创业的社会资本问题研究

吕诚伦 ◎ 著

湖南大学出版社

·长沙·

图书在版编目（CIP）数据

农民工返乡创业的社会资本问题研究/吕诚伦著. —长沙：湖南大学出版社，2022.9
ISBN 978-7-5667-2680-3

Ⅰ.①农…　Ⅱ.①吕…　Ⅲ.①民工—创业—社会资本—研究—中国
Ⅳ.①F323.6

中国版本图书馆 CIP 数据核字（2022）第 161673 号

农民工返乡创业的社会资本问题研究

NONGMINGONG FANXIANG CHUANGYE DE SHEHUI ZIBEN WENTI YANJIU

著　　者：吕诚伦	
策划编辑：吴海燕	
责任编辑：刘雨晴	
印　　装：长沙创峰印务有限公司	
开　　本：710 mm×1000 mm　1/16	印　　张：9.25　字　　数：168 千字
版　　次：2022 年 9 月第 1 版	印　　次：2022 年 9 月第 1 次印刷
书　　号：ISBN 978-7-5667-2680-3	
定　　价：35.00 元	

出 版 人：李文邦
出版发行：湖南大学出版社
社　　址：湖南·长沙·岳麓山　　　　邮　　编：410082
电　　话：0731-88822559（营销部），88821327（编辑室），88821006（出版部）
传　　真：0731-88822264（总编室）
网　　址：http://www.hnupress.com
电子邮箱：934868581@qq.com

前　言

　　本书按照理论回顾—调查总结—实证归纳—理论分析—计量检验—政策建议的逻辑主线展开研究，研究共分为七部分，具体内容包括：

　　第一部分为导论。主要是阐述了本书选题背景、研究原因及其主要价值和意义，系统梳理国内外的相关文献并进行评述，指出国内外研究不足，明确了研究的主要方向与目标，给出主要研究方法、技术路线和基本框架等。

　　第二部分为农民工返乡创业社会资本分类及功能研究。主要对返乡农民工社会资本进行分类，认为社会资本具有自我积累、需求满足、社会流动、机会识别、内容选择、资源整合、风险分散七大创业功能，从而指出社会资本的创业重要性，建立起社会资本与创业的基本关系，分析农民工社会资本发展与创业行为的互动作用关系，认为农民工社会资本具有提升创业竞争优势、提供创业动力、发现创业机会、选择创业领域、确定创业市场产品、确定创业时间地点、优化创业投入、选择创业方式、优化创业资源配置和降低创业风险等效应，而创业发展则有拓展社会资本发展空间、提升社会资本优势、提供社会资本发展动力、增加社会资本报酬、改变社会资本发展策略的反作用，从而为后续研究奠定必要基础和提供前提条件。

　　第三部分主要内容是农民工返乡创业社会资本现状与问题研究。研究包括设计返乡农民工社会资本调查问卷，进行具体调查，在整理调查信息的基础上，分析返乡农民工社会资本占有分配状况，并系统归纳出农民工社会资本存在积累偏小、渠道趋同、结构单一、发展失衡、功能弱小、动力不足等问题。

第四部分主要内容是农民工返乡创业的社会资本问题演化研究。主要是建立精英农民工与普通农民工返乡创业社会资本动态演化博弈竞争模型，从理论上深入分析精英农民工与普通农民工这两类不同农民工在社会资本博弈竞争下的社会资本投资发展策略、路径、均衡与作用规律，寻找出不同类型农民工社会资本问题产生原因以及演变规律。同时，考虑政府、在乡农民行为对返乡创业农民工社会资本策略、路径与均衡的影响，使理论模型更具有现实价值。模型研究发现，不同类型农民工社会资本发展路径、策略与均衡受社会资本投资边际收益、边际成本、竞争拥挤、策略选择和政府政策、在乡农民行为等众多因素的影响制约，发展具有多样性、非均衡性、非一致性与复杂性，从而导致不同类型农民工面临各种社会资本问题。这是本书的核心部分，也是本书主要创新部分。

第五部分为返乡创业农民工社会资本问题主要影响因素实证研究。结合理论模型分析与实证调查资料，梳理出主要影响因素，建立计量经济模型，具体分析不同类型社会资本问题的主要因素的具体影响模式、作用方向和效应，并验证理论模型结论，发现农民工社会资本自我满意度、社会资本经济稀缺性、社会资本策略选择与具体发展类型组合与均衡，受返乡创业农民工个性因素、人力资本因素、社会地位因素、创业因素和政策因素的复杂作用，农民工各类社会资本之间的发展总是呈现出非一致与非对称变化，认为农民工社会资本发展存在竞争拥挤性，而且模型实证结果进一步发现在不同因素的共同作用下，各类农民工社会资本发展策略选择、发展类型组合与发展均衡水平，将呈现农民工个体分化、阶层分化与多样化发展。这些发现，有力支持了理论模型，也是本书理论研究的深化与具体化。

第六部分主要内容是发展返乡创业农民工社会资本的对策研究。结合理论与实证研究、现实农民工创业要求，提出系列农民工社会资本发展建议。

第七部分是结论与讨论。

目　次

第一章 导 论

第一节 选题背景

2015 年国务院出台《国务院关于大力推进大众创业万众创新若干政策措施的意见》，出台这样高规格的文件来推动大众创新创业，这在我国还是第一次。国家对大众创业万众创新的地位和价值给予了非常高的评价，并从市场环境、商事制度、扶持政策、优惠措施、人才培养和知识产权保护等多个层面提出了大众创新创业的诸多意见与举措。可以预见，这些政策将成为我国经济社会发展的重要动力，必将加快推动经济结构转型和发展方式转变，极大提升人民创业活力，促进人民创业大发展，全国将进入新一轮大众创业新时期，全面推进广大人民就业和实现人民富裕。客观地说，国家大众创新与创业政策也将对农民工返乡创业产生重大影响。

纵观新中国各个历史发展阶段，农民创业在我们国家具有较为深厚的历史传统和社会基础。新中国成立以来，农民与农民工先后掀起了 20 世纪 80 年代、20 世纪 90 年代、2000 年和 2015 年四次创业高潮，积累了丰富的创业经验。返乡农民工，作为中国农村精英，最有可能成为中国农村的创新创业先锋。他们有着城市学来的先进市场意识、互联网思维、现代经营理念，长期务工让他们一定程度上掌握了先进科学技术、生产方式、创业发展模式和管理经验，而且，不少返乡农民工有着打工"第一桶金"，又有长期生活在农村的直接经验，熟悉农村市场，他们或从加工、流通领域开始，发展特色种养业和一二三融合产业，或从事规模化农业经营，开展各种类型的创业，实际上是中国农民创业主力。在大众创新创业新时期，返乡农民工必将成为农村农民创业的重要先行者。

不过,新的创业时期,农民工创业将面临与以往不同的挑战与环境。20世纪80年代第一大创业时期,部分有能力的农民,最先抓住了制度型社会资本功能发展下的市场机会,从而实现了自身从农民转变为企业家的跳跃,这次创业潮也是中国经济,尤其是中国乡镇经济获得快速发展的一个重要推力。尽管从宏观上看,这次创业潮为经济发展注入了诸多的活力,但其并没有让更多的农民贫困人口从经济窘迫的状态中脱离,农村的落后面貌虽有改善,但整体上仍比较贫穷和落后。20世纪90年代、2000年出现的第二次、第三次农民创业的高潮与农村的贫富分化和社会分层同期出现,全国农村都出现了十分突出的税费问题、干群矛盾和土地抛荒等,农民与农民工创业技术经验不足、资金缺乏、创业简单粗放,也正是在这个时期,"三农"问题成为了全社会关注的焦点,党和政府开始重视返乡农民工创业,并在相关文件意见里也有专门涉及,提出了不少扶持政策。但是,农民工创业发展仍然不理想。第四次是在经济社会加快转型与全面建设小康社会战略目标下,2015年国家大力提倡"大众创业,万众创新",开创了农民工创业新思路,扩大了创业新空间,出现了难得的创业新机遇。但到目前为止,农民工创业发展远低于我们预期,更与"大众创业,万众创新"目标相差甚远。其原因是经济社会转型升级加快,国内外经济形势总体乏力,全球化创业竞争压力、新型创业模式竞争比以往都要激烈,创业门槛明显提高,创业风险更大。

针对新的创业形势,各地区结合区域自身客观条件和基础情况,探索和尝试建立联合的协同的创业模式,努力避免单、散、小和弱的问题,进行整体规划和系统扶持,同时,有的地方建立了创业园区和创业人员引进办公室,建立创业人才交流和协作的机制,实现一定程度的创业联合发展,扩大了农民创业市场竞争力,推动了农民工创业发展。返乡农民工创业时也不同程度地结合地方特色产业,在特色上做了不少文章,充分运用个人物质资本、人力资本与社会资本,发展创业,取得了一定成效,但成效不太理想。其原因十分复杂,不过,在实践中,不论是政府还是农民工,偏重于物质资本和人力资本在创业中的作用,对于社会资本,则缺少系统的关注与投入。这可能是农民工返乡创业发展不理想的重要原因之一。因此,关注社会资本对返乡农民工创业的影响,十分必要。

返乡农民工社会资本类型多样，具体包括个人型社会资本、组织型社会资本、契约型社会资本。这些不同的社会资本在创业中发挥独特的作用，对创业有重大影响。虽然返乡农民工有从事农业生产和到城市务工经验，积累了一定的创业资本，但这些资本相对于返乡创业的需求来讲，还是太匮乏了，根本无法满足返乡创业的需求。首先，无论是务农还是外出打工，农民工都很难积累足够丰厚的经济资本，无法形成强大的创业初始经济竞争优势。尽管研究显示农民外出打工能够为农民工返乡创业提供一定的铺垫和帮助，但是这些帮助还不足以让农民成功创业。同时，农民或者返乡农民工来说，自身受教育水平比较低，管理能力有限，加之经济基础也比较薄弱，创业多数被迫从微小型规模开始。这也是在现实当中看到农民工创业者所集中在微型企业领域的主要原因，甚至不少创业者并没有成立所谓的企业，其选择从家庭作坊开始创业。在创业过程中，返乡农民工也注意发挥自身社会资本作用。创业农民工中有较大部分人选择在家乡或是在家乡地域范围内创业，这其中也包含着多方面的合理性因素，主要是：首先，选择在县域或者是临近县域、乡镇创业，有利于创业者利用社会资本提升抗风险能力，同时还能够兼顾自己的农业生产，从而形成社会资本类型的结构联合；其次，在家庭或是农村创业，这有利于缓解留守现象，能够让老人、子女和配偶更健康地发展和成长，有利于维护家庭关系的和谐，这也降低了社会资本积累的成本，有利于发展和利用家庭社会资本；再次，无论是素质技能、经济积累和资本，还是具体领域的技术等，农民工创业者若选择在城市创业是没有什么优势的，而在农村的话，这些农民工就相对比较有优势，创业方面，乡村和农村地区还是一片洼地，这也是农民工选择家乡创业的重要因素；选择家乡创业，还因为家乡具有其特定的优势，农村人口多，地域面积大，潜在消费市场大，自然和生态资源都很丰富，加上劳动力成本较低和政策扶持与引导等，这就使得农村成为了适合的劳动力供给地、自然资源供给地和一般原材料供给地，创业发展洼地却成为了政府引导和鼓励创业的高地，能有效发挥组织型、契约型社会资本对创业的效能。可以发现，农民工返乡创业实际是农民工充分利用自身社会资本优势，开展创业以适应环境的表现，也是社会资本重要作用的具体表现。这也提出了农民工返乡创业社会资本整合、借用与发展新课题，以促进农民工创业发展。尽管改革开放以来，中国农村社会结构特征发生了很大的变化，但在中国农村地区，农民工返乡创业仍然面临系列社会资本发展问题，并严重约束农民工创业发展。因此，现有农民工社会资本情况是怎样的，存在哪些主要问题，这些问题是怎样演化发展，由哪些因素决定，应该采取怎样政策措施等等，是返乡农民工创业必须解决的课题。从这个角度看，系统地研究返乡创业农民工社会资本问题，有着十分重要的理论与现实意义。

第二节　研究意义

返乡创业农民工社会资本问题研究兼具理论价值和应用价值，具体而言，表现在以下几个方面。

一、理论意义

理论意义主要有四：（1）丰富现有的社会资本理论。对社会资本进行了个人型社会资本、组织型社会资本、契约型社会资本分类；（2）结合调查，系统归纳出返乡创业农民工社会资本问题；（3）提出了返乡精英农民工与普通农民工社会资本竞争博弈均衡模型；（4）利用实证调查技术与计量方法，对返乡创业农民工社会资本问题影响因素进行了系统检验，寻找出各种影响因素作用效应。

二、实践意义

实践意义主要有二：（1）通过深入的实践调研分析，系统总结出农民工返乡创业社会资本分布情况、主要问题等，为相关研究和政策制定提供了直接经验材料；（2）通过对返乡农民工创业社会资本系统发展问题的诊断，提出了系列政策建议，对返乡农民工乃至广大群众的具体创业提供有价值的指导，对各级政府推进返乡农民工创业，加快推进大众创业、万众创新提供有益的政策参考。

第三节　国内外文献研究

一、国外文献研究

社会资本内涵研究。社会资本这一概念最初是由法国著名社会学家布迪厄于 1980 年提出的，其对社会资本的概念进行了详细的阐述，提出了社会资本的研究方法，系统性地分析了社会资本的理论体系。布迪厄是最早提出社会资本概念的学者，他认为社会资本是社会个体的现实或潜在资源的集合体，而资源的数量与质量都是与个体身份密切相关的。在布迪厄的社会资本理论中，社会资本首先被视为一种资源，相关人员或组织能够因此受益，但是需要注意的是，这种受益程度是与个体实践能力成正比的；其次，社会成员的社会资本是与其所处的制度化社会关系网络密切联系的，某个个体在成为团队成员的同时，也将能够借用团队其他成员以及团队集体的资源；另外，社会资本是经济资本与文化资本在长期共同投入下的产物，稳固关系、积累资源是社会资本发展的重要目标，因此，在农民工返乡创业过程中，社会资本具有转化为其他类型资本的特殊能力。社会资本理论的提出也为经济学、现代管理学、社会学提供了全新的研究视角。随后在 20 世纪 90 年代初，另一位著名的社会学家科尔曼对社会资本的概念框架进行了进一步阐释，从社会结构的角度对社会资本进行全面的界定，并从功能主义的角度对社会资本进行了重新定义。科尔曼指出社会资本是社会个体所拥有的社会结构资源，因此社会资本是个人资本财产的重要组成部分；社会资本具有生产性，一定程度上决定了人们能否实现某些既定的目标，社会资本既不依附于独立的个人，也不存在于物质生产的过程之中，因此可以将社会资本、人力资本、物质资本视为资本的三种形态。在建立起基本的理论框架后，社会资本理论开始向各学科领域扩张。Putnam 借用社会资本理论研究意大利经济发展，成功解释了不同地区经济发展存在差异的原因，使得社会资本成为经济学、管理学、社会学等多个领域所共同关注的研究热点，并开始成为多个学科交叉理论研究的联系纽带。日本著名发展经济学家速水佑次郎将社会资本定义为能够促进经济主体之间协助合作的非正式社会关系，这种协助合作的目标是推动嵌入在这类社会关系内的人群的社会产品生产。

社会资本分类研究。社会资本这一概念是相对经济资本、人力资本等提出的，主要是指影响经济发展的社会因素的总和。后来在社会学领域获得了更广泛的应用，社会学家布迪厄对这个概念进行了新的发展和拓展，并进行了分类。在布迪厄的理论体系中，社会资本与经济资本、政治资本、文化资本和符号资本是相对存在的，它存在的前提是场域，场域被其视为是社会交往网络的系统。布迪厄对社会资本的定义是：社会资本就是个体或群体所拥有并可以从其中借用资源和力量的社会交往网络。在布迪厄看来，行动者社会资本量的多少与行动者自身能够借用和介入的社会网络大小及其所拥有的其他类型社会资本的多少是直接相关的。研究社会资本最为突出的，还有另一个社会学家，这就是科尔曼。科尔曼将资本分为三种类型，其中一种就是社会资本，在他看来与物质资本和人力资本不同，社会资本是无形的，其不能离开个人或是群体而存在，社会资本被视为是存在于社会结构当中的并能够被社会结构当中的行动者利用的资源。科尔曼对社会资本的研究，对我们有较多的启发：首先，社会资本与社会结构是紧密联系的，社会资本的形成来源于社会结构的要素构成和集合，其并无法单独存在；第二，社会资本是资本的一种特殊类型，同时其也具备资本的一般特征，其作为资本可以被生产、积累甚至继承，还可以被替代，拥有社会资本量的多少影响创业结果的成败；第三，社会资本不具备显著的排他性，也就说社会资本在一定程度上能够具备公共品的性质，也能够发挥公共效益，其与个人或是群体紧密相关，但却不能被个体或群体垄断，其存在于关系结构和网络系统当中，这关系和网络当中的个人都能够利用社会资本，社会资本具有动态性，因为关系和网络本身就具有动态性。

此外，美国的社会学家格兰诺维特对社会资本的研究也非常深入，其研究成果广受推崇。在他的社会资本理论中，对社会关系进行了强弱的划分，同时还提出了嵌入性的概念，这使得社会资本理论得到了新的发展。社会关系或是人际关系当中，两个人的信任程度越高，交往越频繁，关系也越紧密，互利互惠的来往越多，两者之间的关系就越强，每一方在这关系中获得的社会资本量就越大，这种关系被称为是强关系，若是相反的话，两者之间就呈现出了弱关系的特征。弱关系也并非都是负面的功能和影响，在农民工返乡创业过程中，弱关系仍然发挥着重要的作用，比如能够在个人寻找项目的过程中给其提供诸多的信息，有利于激励和引导群体动员作用的出现等。弱关系还是个体与群体、宏观与微观相连的纽带和桥梁。其关于社会资本的研究还有重要的一点需要提及，那就是农民工返乡创业都是嵌入在社会结构当中的，或者说，创业投资结构与社会关系结构是交织在一起的。如果引申到创业具体活动上的话，也可以讲返乡创业整个过程都是受社会关系和社会网络影响的，经济行动并非仅仅具有经济的属性，同时还具有社会的属性，与社会资本紧密关联。因此强关系与弱关系社会资本在现实中作用是不同的。

社会资本特征研究。社会资本有其自身内在动态发展特征。这就意味着农民工返乡创业过程中社会资本的生成、应用、发展、再生等处于不断的变动过程中，这既是社会资本作为一般资本的共有特征，同时也是社会资本的独特性体现（Birley，1985），社会结构性因素的变动都会带来社会资本的动态变化。社会资本嵌入在社会网络当中，而网络本身就带有动态性，网络的变化有自身的内在规律性，同时也有外在制约性（Siu and Bao，2008）。社会网络中的资源构成和需求的变化，加上社会网络所面对的外来挑战的影响，这都会让社会资本出现动态发展。网络的动态发展有网络的生命周期因素、目的过程因素、组织系统演化与系统辩证发展因素，这些都构成了理解社会资本动态变化的重要原因（Vandeven and Poole，1995；Larson and Starr，1993）。也正是因为社会资本的动态发展特征，农民工返乡创业者尽管自身并不一定拥有很丰富的社会资本，但却可以在创业过程中使用多种的社会资本策略，发展社会资本。这类策略的存在也正是社会资本动态发展特征的内在规律的外化和应用。

社会资本投资研究。林南在分析社会资本概念与理论的基础上，提出了自己关于社会资本的理论认识。在林南看来，所谓的社会资本是个体或是群体的一种投资，这种投资为获得相应的回报，通过社会行动展开，而获取的回报则是在嵌入型资源当中，从而使社会资本具有资源的功能作用。社会资本具有资源的性质，同时其也与社会结构和网络紧密相连并传递资源。林南对社会资本研究的贡献还表现在，其将社会资本视为社会行动与社会结构互构的结果，认为社会资本不光以社会结构为基础，同时也以社会行动为基础，社会资本能够带来回报，所以说在社会交往和人际关系当中的投资都会是一种动态和长远的投资。社会资本是客观存在的，更是一个动态实践的过程。在林南社会资本的论述中，所谓的嵌入型资源具有广泛的概念外延，从归属上包括集体的和个人的，从形态上包括物质的、象征性的。对农民工返乡创业来说，社会资本带来的资源，不仅有归属集体的，还有直接对准个人的，不仅有物质形态的，还有社会形态的，不管是何种方式和类型，社会资本都有助于农民工返乡创业获取相关的资源。

社会资本与创业机会识别研究。创业者为了谨慎起见，创业时一般要对创业机会进行评估。评估主要是就创业所在的行业发展前景、市场因素、顾客需求、利润空间、市场竞争程度等多方面展开（Timmons，1999）。与 Timmons 的观点和视角有所不同，有学者认为创业机会的识别是创业者个体发挥内在主动性和主体性对创业机遇进行认知和把握的过程，离开了创业者个人的特质而谈创业机会识别是不合适、不全面的。例如，对不同的人来说，机会的内涵是不同的，机会的出现是外部与内部因素相互结合后的产物（Shane and Venkataraman，2000）。因此，需要从两个方面来理解和认识创业机会识别的问题，一方面要从外部环境来识别创业机会，如经济形势、科技发展、新兴需求的出现等，这些都会带来创业机会；而另外一方面，创业机会的识别十分依赖创业者个人的相关特征，如知识结构、社会关系、技能水平、社会交往网络和经济政治资本等。考察企业家创业活动的话，会发现，企业家对创业机会的敏感性高低直接影响创业机会的识别及其创业成功的可能性，而企业家较高的创业机会识别敏感性则是与其个人的企业家精神、创新精神和积极乐观的心态等紧密相依的；除了企业家的个人特征、创业者特殊的技能、兴趣和爱好及其以往积累的经验，要想让创业获得成功，或者说是较理性地进行创业机会识别，那就还必须利用相关的社会资本和社会关系网络，社会资本往往会成为创业机会是否被识别的重要因素（Ardichvili，2003）。对不同创业者创业机会识别过程的比较发现，不同的主体在创业机会识别方面存在显著差异（Noel and Justin，2002）。创业活动终归是要面向市场的，所以市场因素的变化一定会带来创业机会的变化，新技术、人口结构、制度法规等都会引发新的创业机会，但是并不是每个人都能发现这样的创业机会。创业决策与创业者自身关系紧密，而个人的有限理性意味着在缺乏社会资本的情况下，创业识别是很难完成的，有了社会资本的帮助就可以提升创业者的理性程度和成功概率，社会资本无疑将对创业机会识别产生重要的积极影响。

社会资本的创业作用研究。社会资本作为社会个体所拥有的社会结构资源，也是影响个体创业行为的关键性因素，国外相关学者对社会资本与就业创业的关系进行了多方面的研究。Aldrich 等人在 1987 年从创业选择的角度分析了社会资本的作用，提出了种群视角理论，该理论首次阐述了社会资本在创业过程中的重要作用，认为创业是一种嵌入于社会结构的活动，因而社会个体或组织在社会网络中的位置将会直接影响到创业活动的成功与否，充足的社会资本能够帮助创业者把握更为多样化的社会资源，并帮助其做出正确的创业选择，从而大大加快创业步伐。Renzulli 等人在 2000 年对创业者的社会资本形式进行了实证研究，发现创业团队的异质性水平越高，其获取的外部资源与信息就更为多样化，在创业目标、行动计划、风险规避、发展扩张等方面也提供了更强有力的支持，从而将大大提升创业的成功率，认为充足的、多样化的社会资本是创业成功的必备条件之一。Wookock 则在 1998 年到 2002 年间研究了社会资本在中小企业发展中的巨大作用，发现中小企业所拥有的资源与资本往往比较有限，而社会资本则可以帮助中小企业获取社会资源，并提高资源的配置效率，从而推动中小企业的长远发展，这种推动作用同样适用于个体创业者。

社会资本对创业网络规模影响研究。社会资本对返乡创业的另一个重要作用是提供网络规模。网络规模，也就是说，社会交往网络及资源，其规模越大，网络中个体识别机会的能力就越强（Bourdieu，1977；Burt，1982；Granovetter，1973）。社会网络越大，机会识别的机会就越多（Hills，1997；Singh，1999）。之所以会有这样的效果是因为，规模越大的网络，可以提供越丰富的信息，从而在多元化和丰富的信息中发现创业创新的机会（张玉利等，2008）。但也有研究显示，网络规模与创业机会识别以及创业决策之间的关系并不明显（Tornikoski and Newbert，2007），深入研究后发现，网络规律的正向功能是存在的，但是网络密度和网络内个体之间的社会交往强度却不存在显著影响（张青、曹尉，2010）。

社会资本还为创业提供重要的网络连带。网络连带与机会识别之间会发生关系，这是因为 Granovetter 关于社会资本的研究中将社会连带进行了强弱的划分。强连带关系意味着关系中的个人之间互动频繁，关系紧密。社会连带中的强连带关系能够使得彼此之间建立相互信任和互惠互利的关系。强关系下，创业者彼此之间传递的信息呈现出复杂状态，一方面强关系结构具有类封闭的特征（Granovetter，1973；Aekhardt，1992；Hansen，1999），信息传递具有相对封闭性；另一方面强连带关系有助于解除质疑并建立共同理解关系，这有助于传递信息风险（Coleman，1988），强关系若是与资源掌控者建立，那么关系中的个体也会有利于获得资源（Aldrich and Zimmer，1986）。

作为一种社会资本，创业者还可以通过家庭结构将创业活动进行传递（Westem，1994）。对个人而言，如果其社会网络中创业者居多的话，其也很可能成为一个创业者。这也是强连带关系的影响结果。强连带关系对新出现的创业行动具有很好的预判作用（Davidsson and Honig，2003）。但在不同的社会文化背景下，社会网络所能发生的作用是不同的，强调个体主义的文化中，网络连带对创业机会认知有阻碍作用，但是在集体主义文化中，网络连带则对机会认知与识别有显著的帮助（Ma，2008）。强连带有助于复杂信息的传播，但是弱连带却有助于新生信息的传递和获得。

社会资本为返乡创业提供重要的网络资源。社会网络意味着社会资源，但是不同的社会网络承载的社会资源有着较大的差异，社会资源在社会网络中是非均衡分布的（Lin，2001）。由较高社会层次的人员构成的社会网络掌握大量的资源，而低层次人员构成的社会网络则只有小部分的资源。农民工所在的社会网络层次的高低直接影响了其可能获得信息的多少和质量高低，其所加入或是能够借助的社会网络的层次越高，其所获得的高质量的创业信息就会越多（Lin，2001；Peng and Luo，2000）。相比于普通群众，工商业经理人和政府机构工作人员这类社会关系带来的有价值信息肯定是要多得多（Peng and Luo，2000）。

虽然研究者从网络连带和网络资源的角度对机会识别进行了较多的研究，但是更本质上的，从社会资本对创业者机会识别的研究却相对少见，而通过社会资本与创业机会识别的研究则能够更加深入和系统地观察社会资本对农民工返乡创业的影响。况且，农民工返乡创业作为一种新的社会现象，更是值得在以往研究的基础上开启新视角的研究。对创业者个人的研究发现，这些创业者具有特别的品质，而这些品质则是一般人不具备的，这样的品质主要有：战略性、意志坚强、具有管理能力和计划管控能力且乐于冒险等（蒂蒙斯，2002）。环境的不断变化对创业者提出的要求和条件也是越发地苛刻了，无论是资本门槛、管理能力，还是创业机会识别和风险防控等方面，现在的创业者只有拿出更多的精力、满足更高的要求才能够在创业者当中脱颖而出，不然创业行动的结果会是比较令人伤悲的（Pieter de Wolf，2007）。因此，创业活动具有很高的风险，而这种风险在当前的社会资本环境或是政策环境下仍无法系统和有效地化解和应对。

二、国内文献研究

　　国内社会资本研究研究十分丰富。近年来，国内众多学者对社会资本的概念进行了深入探讨。杨雪东（2000）从来源角度阐述了社会资本的定义，认为社会资本是共同社会关系体制内部的个人或组织，通过与内部或外部对象的交流与合作，最终形成一系列认同关系，这类关系的表现形式包括历史传统、价值观念、信仰、行为习惯等等。边燕杰等人（2001）从形态角度对社会资本概念进行了界定，指出社会资本是社会关系中的个体与其他成员的特定联系，以及通过该联系来获取各类资源的能力；社会资本来源于社会个体与其他成员的交往关系，并且会在恰当的使用中不断增值，个体社会资本与社会身份的数量、关系网络的广度呈正相关。张克中（2004）从功能角度将社会资本归纳为以下三点：个体或组织间的社会交往是社会资本的核心；社会资本具有正向作用，同样也拥有负向作用；社会资本作用的发挥是建立在信息传递、成员信任以及社会规范等基础上的。在社会资本的测量方面，周晔馨（2013）以在京农民工为研究对象，重点从三个角度对农民工社会网络进行了调查：一是在京农民工与家乡农民的拜年网规模，二是调查并评估社会网络的规模、结构、顶端形式以及差异，三是对在京农民工的情感性与工具性社会网络进行区分。通过拜年网来考察社会资本的研究方式也在郭红东、边燕杰等学者的研究中多次出现。

　　农民工社会资本作用与发展研究。伴随着我国经济发展速度的放缓，在经济发达地区工作的农民工面临着生活成本提高、工作岗位减少、工资待遇降低等问题，这也导致大批农民工选择在家待业、等待观望，并有一些农民工选择了返乡创业。近年来，伴随着返乡农民工的不断增多，返乡农民工的就业创业逐渐成为一项重大的社会问题。考虑到农民工所拥有的社会资本的特殊性，相关学者对农民工返乡创业的社会资本方面的研究也越来越多。李强、胡舜等人首先研究了返乡农民工的就业问题，认为政府帮扶、就业平台、技能培训、创业金融支持、农村劳动力就业法律保障等均是影响返乡农民工就业创业的重要因素，政府应建立一套长效机制，从而为返乡农民工的就业创业提供全方位的帮助。宁光杰（2012）研究了我国由农村流向城市的劳动力自我雇佣情况，结果发现社会网络在自我雇佣的选择中发挥着巨大作用，具有丰富社会资本的农民工选择自主创业的概率更大，而其他农民工受制于融资约束、人力资源缺乏等原因，在短期内开展自主创业的概率很小。张广胜也在研究中指出了社会资本对农民工创业意向的正向影响，发现拥有广泛人脉的农民工拥有更强的创业型就业意愿。张鑫（2015）研究了社会资本和融资能力对农民返乡创业的影响，结果发现返乡创业农民的社会资本虽未得到足够的重视，但社会资本能够显著提升农民的融资能力，社会资本的网络资源与关系网动员能够提高农民工的创业绩效。柯建则主要对返乡农民工自主创业中的困难与问题进行了分析，首先肯定了农民工在国家社会经济发展中的巨大作用，然后指出实体经济发展不振、整体就业形势的严峻、自身工作技能的单一化等是返乡农民工就业创业困难的根本原因，政府应从改善就业环境、加强教育培训、提供财力支持等方面逐步解决返乡农民工的就业创业问题。白小瑜（2006）研究将新生代农民工的社会资本进行类型划分，认为依据社会资本生成和发展特征，社会资本可以被划分为初级社会资本和次级社会资本，初级社会资本是其在家乡就形成的，这类社会资本与地缘关系、亲缘关系和血缘关系联系颇多，而次级社会资本主要是指其在进入城市打工后积累和获得的社会资本，与第一代农民工相比，新生代农民工的初级社会资本较弱，而次级社会资本更强，新生代农民工对次级社会资本的依赖和应用多于老一代农民工，但在社会资本的总量上，其与第一代农民工的社会资本相比较，则是薄弱的。王艳华（2007）通过研究发现，新生代农民工在对待社会资本方面，有两条路径选择，一是维护、保持原有的或者说现有初级社会资本及其社会网络，二是努力拓展、积累和丰富新生社会资本及其社会关系网络。赵立新（2006）依据社会资本来源不同，将农民工社会资本分为三类，即个人型、组织型和制度型社会资本，个人型社会资本来源于个体，组织型社会资本来源于组织的赋予，而制度型社会资本则来自制度的赋予。在三个类型社会资本中，农民工都是相对单薄的，要想为农民工创业提供帮助，三个方面的社会资本都需要提升和增加。齐心（2007）认为农民工进城务工和生活需要两个方面的转变，首先在职业方面要转变，多是从农业转向工业和服务业；同时生活地点及其环境也发生了变化，以前的熟人社会变成了陌生人社会，社会交往的网络发生了变化，以前可能熟人更多，但现在陌生人是主要构成。与第一代农民工相比，新生代农民工社会交往的城市特征更明显，他们也对城市生活更加期待，这对于农民工职业和居住地融入十分重要。庄晋财、芮正云、曾纪芬（2014）研究发现，返乡创业农民工通过社会网络的嵌入获得了创业必需的相关资源，从而推动了创业发展。张广胜、柳延恒（2014）发现，农民工外出务工的朋友数量、是否有公务员、教师、医生等行业的朋友、务工地居民相处是否融洽等因素与农民工创业呈现显著正相关，而以上的这些因素都是社会资本的重要构成。张秀娥、张梦琪、王丽洋（2015）指出，作为社会资本表征的社会网络对农民工创业意向具有显著的正向影响。

陈文超、陈雯和江立华（2014）发现，中年人和接受中等教育水平的农民工更容易选择返乡创业，且农民工的家庭因素与市场、政策等社会资本类型的积累对农民工返乡创业的影响更大。黄璜（2015）认为，城镇化的快速发展给农民工返乡创业带来了诸多的机遇。徐辉、陈芳（2015）研究指出，公共政策等契约型社会资本是影响农民工返乡创业的重要因素，其不仅影响创业机会识别，同时还影响农民工返乡创业技能学习、创业绩效。李长峰和庄晋财（2014）发现，农民工已有的行业经验、创业资本、资本环境、技术技能与个人型社会资本等对农民工返乡创业的行业选择具有显著影响。农民工返乡创业与城乡二元结构、城镇化和城市化的发展关系复杂，在一定程度上，城镇化等因素也构成了农民工返乡创业的一部分拉动力。王天权（2006）发现，城乡二元结构的割裂与收入差距现实，使得农民工返乡创业具有多重社会内涵，一方面是对这种制度的无奈抵抗，而另一方面则是对家乡认同、思念家庭甚至是想发展家乡的一种表现。李含琳（2008）认为，多年的城市务工生活而缺乏归属感、成就感等，也会让农民工对务工生活产生厌倦，返乡创业是这种朴素心理的反映。农民工在外打工多年，积累了一定的资本之后产生了强烈的返乡创业愿望。李青、刘莉等人（2008）研究发现，中小规模创业活动更多地依赖社会资本和关系网络来获得利益，其对市场和顾客的需求关注较少。创业者通过建立关系网络和社会资本的大量应用而获得自我的成长与发展。

创业基础理论研究。创业理论的研究实际上是在多个学科当中同时展开的，不同学科对于创业有着不同的理论观点（张健等，2003；朱仁宏、陈灿，2005；雷育胜，2010；李翔，2008；李晓亮、申覃、周霞，2008），对国外创业研究成果进行总结和回顾，能够发现国外关于创业研究的主要范畴及其最新发展趋势。创业研究主要集中在创业领域、创业环境和创业实践及其相互关系方面，还有一些研究主要是从创业机会的角度研究了创业，同时还对创业管理、创业边界及其方法等有所关注（张玉利，2004；费杰，2008；冯荣珍、安巧珍，2009；柯益群，2009；高建、盖罗它，2007）。创业活动与组织绩效之间也有关联（李乾文，2005；郭军盈，2006），创业经济学概念及其解释框架的出现让我们对创业的认识多了"五度空间"的选择（陈世清，2003；黄建新，2008；刘小年，2006）。创业研究当中，经济学、社会学、文化学、心理学等都从自己的理论视角进行了研究，但也都有个自己的优势、不足，多学科交叉的视角对创业问题的未来研究奠定了方向。刘美玉、陈晓红、辛松林（2015）、张纹（2009）、蔡亚林（2007）、陈兴淋（2007）将农民工创业归结为两种理论模型，即机会拉动型和资源推动型，两者在创业启动的最初阶段扮演着不同的角色。创业理论经历多样发展后产生了分化，形成了不同的派别，这些不同的派别在创业的结构设计、创业创新、风险防控和企业管理等方面都具有不同的观点（林强等，2001）。

清华大学中国创业研究中心利用相关模型，结合大量的第一手调查资料和数据等，对中国创业的实践情况进行了宏观系统的研究，该研究主要涉及创业的形式、创业行动展开的宏观与中观环境要素，不同层级政府关于创业的相关政策等，相关研究成果和结论对创业者和研究者都很有价值和意义（姜彦福等，2003；蔡亚林，2007；陈锡文，2004；胡成，2009；胡恒洋，2008；胡家勇，2002；胡明文等，2006；胡珑英等，2002）。之后，该研究机构连续多年发布了中国创业报告，对中国不同区域的创业活力、创业的行业集聚、分布情况、创业者主体特征、创业活动发展环境和创业机会发现等，进行了具有明显应用价值的研究。与宏观研究相对应，有学者以问卷调查的方式，对工商企业在职研究生和一般大众进行了微观的调查，并选取了典型的城市进行了区域城市创业活动的比较研究，研究还在农民工个人特质和创业环境因素之间进行了更加细微因素的关联研究，研究发现创业行为的发生一方面是创业环境作用的结果，另一方面也主要是农民工个人创业精神和社会资本辅助理性决策形成的结果。创业行为是理性决策结果，其原因基于下面三个方面：首先，返乡农民工对自身优势及其他人创业优势非常清楚，故而选择合伙创业；其次，其创业过程中，充分利用了各类社会资本，无论是个人直接可以应用的社会资本，还是间接可以利用的社会资本，都在创业中被充分挖掘和使用；最后，在创业行业选择方面，创业者偏好服务行业或者是新兴产业，这些行业或者是创业成本较低，或者是产业发展前景良好，有力于创业成功。当然，还有一点值得注意，研究发现，不同群体的创业者，其创业的机会成本是不同的。对于农民工创业者来说，其比企业管理人员创业的机会成本高很多。

创业机会是研究返乡农民工创业的一个重要切口，国内的不少研究者也确实选择从机会识别角度对创业展开研究。例如，创业机会识别及其影响因素构成了创业研究的重要议题，从创业机会开始的创业研究具备多方面的特色，尤其是其能够把握创业活动的源头（林嵩等，2005；胡武贤等，2006；黄德林，2008；黄小勇，2009；姜彦福等，2004；汪三贵等，2010）。研究者从机会来源、识别时机、机会发现、创业机遇形成和创业机会评价系统等方面对创业机会进行了研究，发现了创业机会识别的一般过程（陈震红等，2005；李国军，2009；李湖明，2009；刘国新，2004）。研究同时发现创业机会有多种显示途径，比如基础性的有服务或是商品的优化改善；其次，市场中顾客新需求或是消费新趋势的出现，比如现在所讲的"互联网+"；第三是特定行业创业出现了新的时机；最后则是创业相关行业的历史、当前及其未来趋势等（刘常勇，2002；罗明忠，2008；梁广锡，1994）。雷家骕等（2001）、罗军等（2014）、黄建新（2008）、林嵩（2005）、杨鹏（2010）、王胜利（2011）发现创业机会有不同来源，创业机会有市场类、技术类、政策类和研究类四大来源类型。农民工返乡创业过程同样离不开创业机会识别，机会识别是创业活动的基本前提，没有这个过程，创业是无从谈起的。张大维和郑永君（2014）认为，农民工返乡创业行为的产生是其降低贫困风险考量的结果。张晓怡（2016）研究发现，本地强连带社会关系对农民工返乡创业机会识别帮助更大，对农民工创业有明显影响（冯建喜等，2016；林斐，2004；刘光明等，2002；林离，2004）。

农民工返乡创业研究。农民工返乡创业的研究，主要从三个视角解构创业实践。第一个是城市化角度，分析农民工城市打工对创业行为的影响。不少研究认为城市打工使其价值观、生活态度和行动偏好等都发生了变化，在这个过程中，其对市场、价值与风险等也形成了更为细致全面的认识（周晓虹，1998；江立华，2004；张广胜等，2014；刘芳芳等，2015；尹金承，2015）。城市务工为日后的返乡创业奠定了一定的基础，这基础既可以是经济上的，也可以是社会资本、制度认知和心理层面的。对城市务工生活的不满、现代发展主义理念的不断深入等，都使得农民工希望通过创业来改变自己的生活现状（胡明文、黄峰岩、谢文峰，2006；李含琳，2008）。与此同时，城市务工也为农民工返乡创业提供了一定的资本，主要是经济和物质基本（刘光明、宋洪远，2002；林斐，2004；张军，2009）。现代化视角研究主要指出了农民工城市化就业拓展了其创业能力，改变了创业预期，提供了创业动力，指出了创业实际上是农民工自我现代化行为。二是结构视角。结构性视角下，研究者主要关注农民工返乡创业社会资本结构因素，例如国家国际经济形势变化、家庭结构变化、政策制度变化、产业结构变化等（白南生、何宇鹏，2002；辜胜祖，2009；韩俊、崔传义，2008；周雪光等，2009；丁冬等，2014）。认为城乡二元结构对农民工返乡创业一方面是阻碍，而另一方面是优势，农民工因这种二元化结构拥有独特资源，这些独特资源是城市人不具备的。三是政策性视角。研究对农民工返乡创业进行分析时，很关注国家政策和制度对创业行为的引导和鼓励，在面对农民工返乡创业出现的问题时，也多是从政策和制度的角度提出解决的方案和办法，并提出市场保护、税收、金融、财政转移支付优惠、创业培训支持和环境营造等政策措施（杨雪冬，2005；江立华，2009）。

返乡农民工创业，受复杂因素影响。研究发现，打工经验对创业影响明显。王西玉等(2003)、陈园等(2010)认为农民工城市务工为农民工返乡创业提供了物质、人力等方面的资本积累,创业的信息或许也直接来自城市打工,因而打工经验对创业产生积极影响。一些更广泛的研究发现,打工经验对创业的影响主要表现在三个方面:第一,打工过程让农民工人力资本获得了积累和提升,提高了创业知识技术能力;第二,农民工返乡创业选择往往与自身的城市打工经历有关,打工对创业领域选择产生直接影响;第三,打工使得农民工至少在市场意识、信息获取、资本积累等方面获得了较大的进步,为其提供市场管理、信息和资本支持(林斐,2004;赵曼等,2008),通常打工是农民工返乡创业资本的主要来源(刘光明、宋洪远,2002),成功创业有赖于农民工在城市的各种锻炼和个人型社会资本积累。

农民工个性因素对返乡创业有重大影响。刘芳芳等(2015)研究发现,年龄小、已婚、务工收入高、家庭支持创业和社交广泛的农民工更倾向于创业,王冬和刘养卉(2015)发现,农民工个体年龄、人力资本方面如受教育程度和务工年限对创业有复杂影响,农民工人口学特征制约下的能力结构对其创业有多方面的影响(李萍,2016)。同时,农民工创业行为也与生命历程当中的大事相关,比如有一部分打工者,在结婚成家或是孩子出生后更愿意留在家乡创业或者到离家更近的地方进行务工。乡土情结和恋家情结,也会是农民工返乡创业的一种影响因素(胡明文、黄峰岩、谢文峰,2006;刘青,2008;刘蔚,2009;陆学艺,2003)。胡俊波(2015)指出,农民工之前从事行业门槛低且获得较高职位的,更愿意选择创业。尹金承(2015)调查发现,农民工创业的资金资源主要来源于社会网络,而其在产业网络方面还较难获得帮助,这方面需要改善和发展,社会网络决定着农民工可以获取的创业信息的数量和质量(丁冬等,2014)。

宏观政策因素对农民工返乡创业有重要影响。农民工返乡创业除受个人能力、个性情感、资本与社会网络影响外,还受一定外部条件影响,例如宏观经济形势、经济结构、政策因素等的影响。白南生等(2002)研究认为,中国经济增长的变化及其产业结构的挑战将会让农民工面临继续进城务工还是返乡的抉择,在农民工面对两难选择的情况下,地方政府鼓励农民工返乡创业的政策，会让农民在城市和乡村之间更偏向留在乡村创业（王西玉等，2003；李建平等，2009）。在中国，地方政府有一项重要的工作就是招商引资，在大项目难以引进的情况下，有选择地引进农民工返乡创业也不失为一种有效的政策措施。为了鼓励农民工返乡创业，不少地方的基层政府都出台了吸引农民工返乡创业优惠政策，这既能够为中西部广大农村的新农村建设提供活力，同时也能够让创业者获得来自政策和制度层面的资源支持，促进农民工创业发展（张军，2009）。研究发现创业金融支持等对农民工创业具有显著影响（王冬、刘养卉，2015）。受这些政策的影响，农民工返乡创业不仅有了内在动力，还有了外部政策支持（胡明文等，2006）。与此研究结论相似，有人认为，政府诱导与政策鼓励是农民工返乡创业的重要因素（刘光明、宋洪远，2002；王翌，2007；杨家栋，2010；李晓春等，2004；刘光华，2009），农民工回流有一些是创业，而有一些是得益于政府在"三农"领域的大力投资。

创业经济环境对农民工创业影响研究。从发展经济学的角度看，农民工返乡创业是经济新常态下中国经济发展道路及其经济增长方式转变过程中农民工适应经济环境变化的一个重要反应调整（覃扬庆，2009；陆学艺，2003），健康可持续的城市环境对农民工返乡创业影响巨大（王展翔，2009；刘浩平，2009），这说明经济整体环境变化对创业有直接或间接影响。张慧媛等（2015）发现，创业者会充分利用自己所在县域环境优势进行创业，因为创业者至少可以利用一部分需要本地转移就业的相对廉价的劳动力，能够提供良好充足的农民工资源禀赋的环境，是其创业的又一主要影响因素（罗军等，2014；辜胜阻等，2008；金沙，2009）。张新芝等（2014）、于晓媛（2003）、王汝志（2007）等发现社会、文化和城市环境等因素同样不容忽视。

总之，研究发现返乡创业决策的做出不会是单一因素作用的结果，通常是多个因素共同作用的结果（瑞雪·墨菲，2009），农民工创业正是在这些复杂推力和拉力因素作用的理性选择结果（周霞，2005；程伟等，2011）。

农民工创业作用研究。农民工返乡创业作用并不是本研究关注的焦点，但是作为关联性问题，仍需要对其形成一定的认识。关于这方面的研究，成果很多，对研究进行综合分析后发现，农民工返乡创业的功能与价值是多样和积极的，主要可以归纳为：利于农业产业结构调整和农村经济发展，有助于充实地方政府的财政收入来源，有利于推动新型城镇化，为农民收入的增加和就业渠道的多元化提供了更多的保障和选择，缓解城市发展的压力，对新农村建设贡献力量，有助于城乡经济协调发展并缩小城乡发展差距，提升农业生产的技术水平和现代化程度，以城带乡和以工促农找到了合适的载体和桥梁（刘光明、宋洪远，2002；王西玉等，2003；林斐，2004；凌斌、王勇，2006；杨云善，2007；董伟才，2007；秦艳、巩前文，2007；万宝瑞，2007；杜丽华，2015；李敏，2015；李炎，2015；赵日新，2015）。

返乡农民工创业政策措施研究。已有研究发现，实践层面，农民工返乡创业遭遇多种的困难和问题，因而需要政府、社会和创业者等展开多方面的努力，尤其是政府要制定相关政策措施，以解决相关问题。第一，要形成对返乡创业农民工的培训机制，营造良好的创业坏境，在政策层面高度重视农民工创业（秦德文，1994；祝东春，1998；何慰先，2006）；第二，制定相关的法律法规政策制度等对农民工返乡创业的各种权益进行保护，在金融、税收等多个方面给予农民工创业优惠（程春庭，2001），必要情况下还要设立农民工返乡创业的专项基金，对农民工创业活动进行全面的帮扶，政府要为农民工创业土地使用和劳动力使用等方面提供帮助（万宝瑞，2007）；第三，将农民工创业与新型城镇化建设结合起来，围绕特色城镇建设，集聚资源优势和产业优势，通过政策发力和对农民工创业的引导形成规模和集聚优势，完善创业辅助政策，强化教育和强化基础设施建设（王大贤，2005；凌斌、王勇，2006；蔡亚林，2007）；第四，加强对农民工返乡创业的宣传，引导其转变工作观念（胡明文等，2006），做好典型创业者的事迹宣传；第五，改善创业服务环境，在经济、政治和文化方面，给予农民工更多机会，增强地方政府的服务意识，加强统筹规划以避免返乡农民工创业活动无序竞争，改善创业者搭建平台并优化创业环境等（杜敏，2007；董伟才，2007），不光要重视农民工创业的前期吸引，更要对其返乡创业后的进展进行跟踪服务，降低创业中的风险并克服危机（刘唐宇，2009）；第六，加强农民工创业培训（茅国华、孙文杰，2014）。2015年11月，国家六部委联合出台相关文件支持农民工返乡创业技术培训（农业部等，2016)，这是促进农民工返乡创业技术培训的重要政策支持。

综上所述，国内外研究者主要侧重于社会资本内涵、类型、特征、作用研究、创业影响因素、社会资本投资与发展，总结了社会资本对创业的影响，并具体探讨了农民工返乡创业与社会资本之间的复杂关系，分析了农民工创业行为、创业作用与促进农民工创业的主要措施。但对农民工返乡创业过程中的社会资本占有情况、存在问题、问题演化发展、问题内在决定因素缺乏系统研究，因此，没有系统地研究返乡创业农民工社会资本发展政策，这极不利于返乡农民工创业创新。所以，本研究试图从农民工返乡创业的社会资本问题入手，理论上对农民工社会资本类型与功能进行探讨，通过调研归纳出返乡农民工社会资本现状，系统地梳理出农民工社会资本存在的主要问题，理论上分析主要问题的演化收敛，查找问题演化的内在决定因素，在此基础上提出相关政策建议，以推进农民工社会资本发展，促进农民工创业。

第四节　研究目的

本书主要研究返乡创业农民工社会资本主要问题：第一，理论上对返乡创业农民工社会资本进行分类与功能分析；第二，通过社会调查问卷，进行实证调查，寻找返乡创业农民工社会资本占有分配状况与主要问题；第三，在总结返乡创业农民工社会资本主要问题基础上，建立返乡创业农民工社会资本与创业竞争博弈模型，分析农民工社会资本问题演化路径、均衡与变化规律；第四，结合调查，采用计量经济学技术，对实证模型进行回归分析，发现支配农民工社会资本问题演化的主要因素及其作用效应；第五，结合理论与实证研究，针对当前中国返乡农民工创业发展形势和要求，提出农民工社会资本发展相关政策建议，以推动返乡创业农民工创业发展。

第五节　研究内容

本书按照理论回顾—理论分析—调查总结—问题归纳—理论分析—计量

检验—政策建议的逻辑主线展开研究，研究共分为七部分，具体内容包括：

第一部分为导论。主要是阐述了本论文选题背景、研究原因及其主要价值和意义，系统梳理国内外的相关文献并进行评述，指出国内外研究不足，明确了研究的主要方向与目标，给出主要研究方法、技术路线和基本框架等。

第二部分为农民工返乡创业社会资本分类及功能。主要对返乡农民工社会资本进行分类，并对社会资本主要创业功能进行分析，从而指出社会资本的重要性，建立起社会资本与创业的基本关系，分析返乡农民工社会资本发展与创业行为的互动作用关系，从而为后续研究奠定必要基础和提供前提条件。

第三部分主要内容是农民工返乡创业社会资本的现状与问题研究。研究包括设计返乡农民工社会资本调查问卷，进行具体调查，在整理调查信息的基础上，分析返乡农民工社会资本现状，并系统归纳出农民工社会资本存在的主要问题。

第四部分主要内容是农民工返乡创业的社会资本问题演化研究。主要是建立农民工返乡创业社会资本博弈竞争模型，从理论上深入分析精英农民工与普通农民工这两类不同农民工在社会资本博弈竞争下的社会资本投资发展策略、路径、均衡与作用规律，寻找出不同类型农民工社会资本问题的产生原因以及演变规律。同时，考虑政府、在乡农民行为对返乡创业农民工社会资本策略、路径与均衡的影响，使理论模型更具有现实价值。这是本书的核心部分，也是本书主要的创新部分。

第五部分为返乡创业农民工社会资本主要影响因素的实证研究。结合理论模型分析与实证调查资料，建立计量经济学模型，具体分析不同类型社会资本问题的主要因素的具体影响模式、作用方向和效应，并验证理论模型结论。这是本书理论研究的深化与具体化。

第六部分主要内容是发展返乡创业农民工社会资本的对策研究。结合理论与实证研究、现实农民工创业要求，提出系列农民工社会资本发展建议。

第七部分是结论与讨论。主要对全书进行概括，就研究不足做出初步的说明，并指出下一步研究计划。

第六节　研究方法与技术路线

一、研究方法

　　总体上，本研究采用实证研究方法对农民工返乡创业的社会资本问题进行研究，在具体过程中本研究将结合文献研究方法、实证研究方法、规范研究方法、问卷调查方法、实地调查方法、访谈方法等来收集本研究的主要材料，通过宏观情况与微观情况的结合以展开具体的研究工作。

　　（1）文献研究。以往的有关农民工社会资本的研究，尤其是关于农民工返乡创业与社会资本的研究是本研究的理论基础，这些研究提供了诸多启发和再生研究资料。通过对相关文献进行研究，不仅能够准确把握关于农民工社会资本研究的趋势和进展，同时也能够发现已有研究中的不足和问题，有助于明确本研究的方法、路径和主要目标。文献研究不仅包括关于该主题的论文，同时还包括政府关于创业的政策文件和统计资料等，这些都会是本研究需要参考和学习的重要资料。

　　（2）实地调查。本书主要通过调查、访谈或是座谈获得研究需要的主要实证资料。在研究的第二阶段，对一些返乡农民工的情况展开深入的个案实地调查，在后期资料整理后，根据资料的收集情况开展补充性的调查研究。实地调查主要使用三种方式收集资料，分别是结构性访谈、半结构访谈和座谈。结构性访谈严格按照研究设计的访谈提纲进行；而半结构访谈则是向访谈者设计主题话题，让被访谈者依据主题自由发表和讲述；而座谈则主要是与地方政府进行的，通过这种方式了解地方政府对农民工返乡创业现象的认识及其相关态度，地方政府是否出台了相应的政策和制度，提供了怎样的服务等。实地调查能够让研究者深刻体会农民工创业活动发生的客观环境，对其社会资本与创业的关联会有更加真切直观的感受，更重要的是为研究提供第一手资料。

（3）问卷分析。在本研究中，还需要应用问卷收集研究资料，实地调查主要用于个案资料及其细节信息的收集，而通过问卷则可以相对宏观地获得关乎农民工返乡创业与社会资本的一些信息，从而有助于从一般性和整体性的角度去把握研究农民工社会资本与创业行为的特征和规律。问卷分析主要是对问卷设计的主要数据指标进行统计，进行多种分析，当然一般统计性描述分析是基本的，这种描述性分析有助于了解农民工社会资本发展现状、问题整体情况。

（4）理论方法。为了强化本研究的理论价值，本研究针对农民工返乡创业社会资本问题进行理论探讨，建立具体的动态演化博弈模型，对返乡创业农民工社会资本问题进行理论研究，寻找社会资本策略、路径、均衡与演变规律。通过这些研究，不仅对农民工返乡创业社会资本问题有了更深刻的理论认识，同时也能够对农民工返乡创业中社会资本应用策略、问题、作用路径等有了一般化的系统化的理解和判断，有利于从理论上把握返乡创业农民工社会资本整体发展趋势。

（5）实证方法。本书为研究返乡农民工创业的资本问题，探讨影响返乡农民工创业的社会资本因素，用灰色关联理论来分析农民工返乡创业与社会资本的相关度，结合返乡精英农民工与普通农民工的博弈竞争理论研究，建立计量经济学模型，对农民工社会资本问题影响因素做深入分析，以了解农民工社会资本发展问题内在的主要决定因素，建立 Logistic 回归分析来探讨影响农民工返乡创业社会资本的影响因素，进而通过模型分析出社会资本对农民工返乡创业的贡献影响。

二、技术路线

研究的具体技术路线见图 1-1。

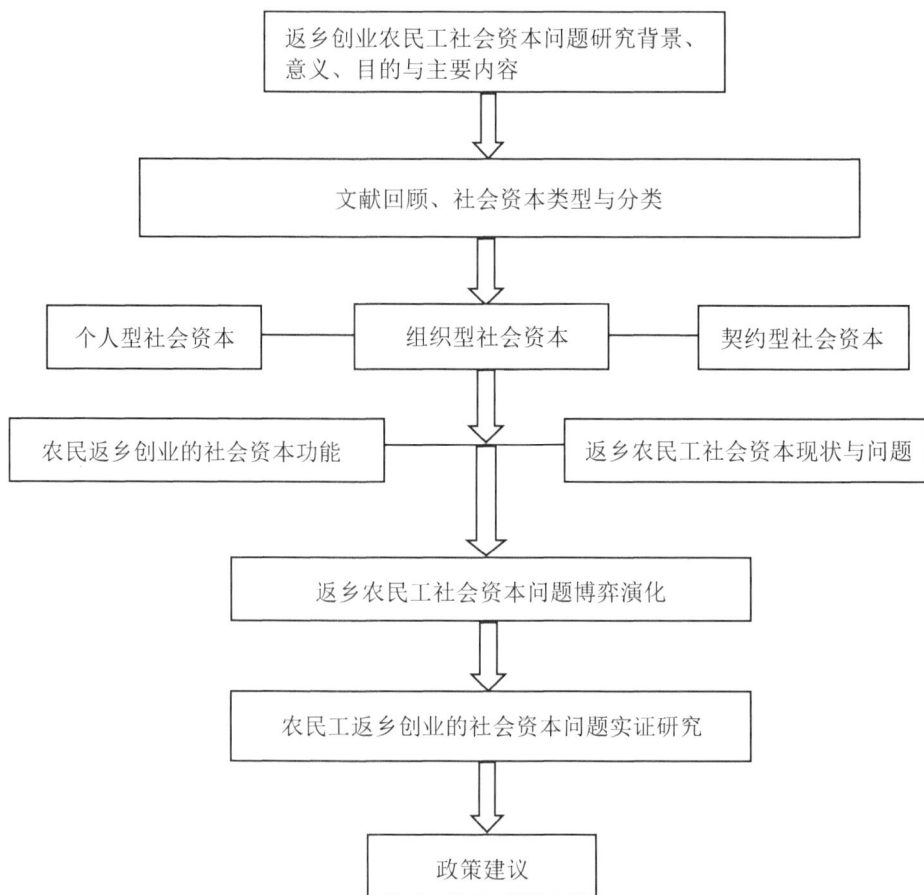

图 1-1　研究技术路线示意图

第七节　研究创新与不足

　　本研究的创新之处在于：第一，从农民工返乡创业活动视角对社会资本进行深入分析，在研究过程中注重从更加细致和深度的层面对农民工返乡创业的社会资本问题进行讨论，从个人特征、家庭特征、社会特征以及其他特征等方面来研究返乡农民工的社会资本问题，在研究视角方面是有创新的；第二，从研究方法上看，本研究既采用了定性的案例研究，同时还进行了一定量的问卷调查并进行了统计分析，通过 Logistic 回归分析、博弈均衡分析实证了社会资本与返乡农民工的关系与影响，实现了定性分析与定量分析的结合，这也是本研究的方法创新之处；第三，本研究紧密结合经济社会发展的新常态，从返乡精英农民工与普通农民工创业竞争博弈分析农民工创业社会资本发展策略、均衡、路径与演变规律，从而指出农民工创业社会资本发展问题的复杂性与独特行为，这在农民工社会资本研究方面，是一个理论创新，同时，采用实证分析，发现社会资本对农民工创业的影响，这也是该领域的新尝试。

研究不足在于：因为采用了定性与定量相结合的研究方法，研究无法形成特别精细和透彻的结果，对社会资本与农民工返乡创业之间的联动性分析还不够全面，对农民工返乡创业过程中社会资本的各种策略及其功能的讨论还不够系统深入。在本研究的理论价值方面，未能形成深刻的具有普遍性价值的理论表达。这需要进一步努力完善。

第二章　农民工返乡创业的社会资本分类及功能

第一节　社会资本及分类

一、社会资本内涵

自 20 世纪 80 年代开始，特别是 90 年代以来，社会资本这一概念一直是国际学术界热点问题，最初由社会学家提出，后被政治学家、经济学家及法学家广泛采纳并用来解释和说明各自研究领域的问题，因而日益成为综合性概念和相关研究方法的核心。

学术界对社会资本有不同的理解。1980 年，皮埃尔·布迪厄定义社会资本为现实或潜在的资源集体，而且认为资源掌握或多或少是制度化的相互认可，是与关系网络密不可分的、一种体制化的关系网络。1988 年，詹姆斯·科尔曼按照社会资本功能，把它界定为"单独拥有的社会结构资源"，存在于人际关系的结构中，它不依附于独立的个人，也不存在于物质生产的过程中。波茨认为社会资本是社会嵌入的结果，是个人通过在组织或团体中的成员身份，从相应的网络中或者更宽泛的社会结构中获取稀缺资源的能力。这种能力不是个人固有的，而是在与他人关系互动过程中紧密相随的一种资产。哈佛大学教授罗伯特·D. 普特南指出"社会资本是社会组织的特征，提高了投资于物质资本和人力资本的收益，诸如信任、规范以及网络，它们能够通过促进合作来提高社会的效率"。罗纳德·博特的"结构洞"观点把社会资本称之为朋友、同事以及更一般的熟人，在组成的网络中给行动者获得使用金融和人力资本的机会，所以社会资本实际上是网络机会。林南认为，"社会资本是从嵌入于社会网络的资源中获得的，作为在市场中期望得到回报的社会关系投资，根植于社会网络和社会关系"，可以被定义为嵌入于一种社会结构中的可以在有目的的行动中摄取或动员的资源。

社会资本实际上是一种嵌入在社会结构、网络或关系的资本，是继物质资本、人力资本之后的第三类资本。近年来，伴随着社会经济的快速发展，社会结构不断发生变化，相关学者对于资本的研究也由物质资本、人力资本扩展到社会资本范畴，社会资本的相关理论与研究方法也已经在政治、经济、社会、心理、商业、管理等多个领域得到推广与应用。从个体层面而言，社会资本是让个人有机会使用财务和人力资本的朋友、同事或更一般的熟人；而从宏观层面而言，社会资本具有社会组织的功能，如网络、规范和信任。从这个角度出发，可以将社会资本理解为个人和社会单元网络关系中实际资源和潜在资源的总和，主要包含特定网络的结构、网络内容和可感知价值资本。

社会资本有五大特征。（1）无形性。社会资本嵌入社会关系网络中，看不见摸不着，却又确实发挥着有效的作用，这类社会关系网络包括家庭、社会公益组织、政府公共服务组织及其他社会中介组织。（2）价值性。与人力资本、经济资本等其他类型的资本一样，社会资本具有价值性，人们可以通过投资、继承和借贷获得社会资本，也可以直接通过社会资本投资、交换和消费获得效用，满足于价值增值，给拥有者和使用者带来价值收益。（3）公共性。社会资本作用的发挥依赖于多个社会结构的关系，而这种网络化的关系，在某种程度上是共享性、共建性资源，社会资本组合体系中，社会资本体现服务多元互惠性与共同构建依赖性，因而具有某种程度的公共性。（4）主体非迁移性。社会资本的投资、交换、使用是与特定主体直接相连接的，脱离社会主体的社会资本是不存在也无法存在的，这是社会资本不同于物质资本与人力资本的重要方面。（5）嵌入性。社会资本这种社会结构资源，总是嵌入在社会网络的关系中，并以获取社会网络资源作为价值实现手段，显示作为资本属性的存在，并因此为拥有者带来利益。

二、农民工社会资本类型

社会资本是有层次类型的资本。但划分标准不同，社会资本类型不同。科尔曼利用社会资本主体层次差异，试图实现个人和社会、微观和客观主体社会资本联结，他把社会资本分为个人型、社会组织结构型、政府公共型三类社会资本。布朗根据社会资本覆盖范围，分别从宏观、中观、微观三个结构层次分类社会资本，微观层面社会资本是嵌入自我观点、强调调动社会网络关系潜力的社会资本，中观层面社会资本是特定网络组织结构化的社会资本，宏观层面社会资本是特定的政治经济体系中包含更宽广的文化或规范体系的公共网络型社会资本。此外，诺曼·厄普霍夫从社会资本内涵角度将社会资本区分为结构化性社会资本与认识性社会资本；安尼鲁德·克里希纳从解决问题的层次提出社会资本有两种类型：制度型社会资本与关系型社会资本。本书根据社会资本与农民工关系及其生成的不同方式，结合前面理论研究总结，将农民工返乡创业的社会资本划分为三个不同的类型，分别是个人型社会资本、组织型社会资本和契约型社会资本。

（1）个人型社会资本。个人型社会资本是指带有显著的个人主观努力与个性因素的社会资本，其来源于个体所在的社会网络或是组织机构，是嵌入在个人社会关系网络当中的资本。这种资本为个体行动提供了有力的支撑，同时也是创业行动得以展开的重要资源基础。通常情况下，这种社会资本主要包括权利、权力、财富、地位、声誉、信任和权威等。个人型社会资本是通过个人不断进行血缘、地缘与友缘"投资"努力而获得的，社会资本量的多少及其类型与个人社会资本的积累及其"投资"都有密切的关系，实际上是个人投资发展形成的社会资本。例如家庭关系、朋友同事关系，都是常见的个人型社会资本。在个人型社会资本方面，因为农民工受教育程度相对较低，加上其居住空间、工作类型等的边缘性，这就导致个人型社会资本对于农民工而言，整体上是比较缺失的。

（2）组织型社会资本。所谓组织型社会资本是社会组织投资发展的社会资本。当今社会，社会组织提供社会资本是一种常态，而且也是社会资本投资的重要主体，但社会组织的社会资本仅限于向该组织与成员提供有某种特定性质的社会关系。而在现代社会，组织型社会资本依赖于成员社会组织关系的建立，是以个人在社会组织中的位置、身份与作用，进行有甄别的供应，组织内身份选择性供应与组织外排他性供给是这种社会资本的独有特征。由于许多农民工没有加入相关工会组织，也没有组建自己的利益组织，这使在城市打工的农民工很难获得组织型社会资本，显示出组织型社会资本的稀缺性。工会、农民专业合作社等组织，是农民工常见的组织型社会资本。

（3）契约型社会资本。所谓的契约型社会资本，主要是指基于现有的制度关系所具有的能获得资源的社会资本，实际上是制度、法律、政策关系内生的社会资本。由于客观制度、法律与政策是面向社会所有行动者并且要求社会行动必须遵循的规则，因此，具有很强的社会契约特征，这是我们称之为契约型社会资本的重要原因。契约型社会资本不依赖于农民工的个人主观努力，所有制度法律政策覆盖的人都能够获得这类社会资本。对农民工返乡创业而言，他们所拥有的契约型社会资本主要是指与创业相关的各项制度、法律、法规、政策和服务支持机制等。例如，农民工能够通过法律规定注册公司、获得工商执照和税务证明等，可以通过相应的政策获得金融机构的贷款，能够获得地方政府关于鼓励农民工返乡创业的政策扶持等。虽然逻辑上讲，契约型社会资本是社会集体特别是政府公共投资发展形成的社会资本，具有无差别的公共性，但在目前，农民工作为一个相对弱势群体，在制度、规范或是法律面前并不能同其他社会群体特别是城市居民一样获得相对较多的社会资本支撑。

个人型社会资本、组织型社会资本与契约型社会资本投资主体、主要资源、服务范围边界和属性是不同的，具体差别见表2-1。

表2-1 社会资本类型比较

社会资本类型	投资主体	资本本源	主要资源内容	服务范围边界	属性
个体型社会资本	个体	个体的亲缘、血缘、地缘、朋友资源等社会网络	嵌入在个体社会网络中的财富、声望、信息、知识、技能等资源	为个体行动提供便利，直接服务于个人利益	私人物品
组织型社会资本	非政府组织	个体外部的社会组织网络	信任、规范、参与网络等非政府集体内部共同拥有的软性资源	促进组织成员的互惠合作，直接服务于团体成员利益	公共物品

续表

社会资本类型	投资主体	资本本源	主要资源内容	服务范围边界	属性
契约型社会资本	政府机构	政府型集体内部公共服务	参与政府公共资源平台，共同享有的硬性资源。如金融政策、创业政策、创业后续服务平台	促进创业政策落地、帮扶创业行动，直接服务于公共利益	组织公共物品

第二节　农民工返乡创业的社会资本功能

社会资本功能在社会资本概念提出来之后就受到许多学者重视，提出了不同观点。弱关系理论提出者格兰诺维特认为，社会网络关系能够为个体提供有价值的信息和帮助关系并不是非常亲密或熟悉的人（强关系），而是那些关系疏远的人（弱关系），理由是同质性强的网络中，信息的流动有较大重复性和剩余度，故对个人的帮助不大。而弱关系对应的是异质性，它在不同社会群体之间起"关系桥"的作用，为个体提供更丰富、更有价值的信息。弱关系假说理论，强调的是在不同等级间的人际关系，其中向下的弱关系也是没有实际意义的，只有向上的弱关系，也就与是比自己地位高的人之间的联系才能给个体带来社会资本的积累和再生，在向有关方收集信息、提供信息的同时，也建立起社会层级秩序，并强化个体社会差别，以维护网络所具有的社会层级性。

美籍华裔社会学家林南在格兰诺维特研究的基础上，发展和修正了格兰诺维特的"弱关系力量假设"理论，提出了社会资源理论，他认为各种社会资源——权利、财富和声望，都嵌入于个人的社会网络中，是通过直接或间接的社会关系来获得的，并不是个人直接占有，在社会结构分层中，创业者采取工具性行动时，如果弱关系对象比行动者的地位更高，他所拥有的弱关系比强关系给他带来的社会资源就更多。个体社会组织网络的异质性、团体组织成员的社会地位、个体与网络组织成员的关系力量，决定着个人所拥有社会资源的质量。林南提出了社会资源理论三大假设：（1）地位强度假设——人们的社会地位越高，获取社会资源的渠道就越广，机会就越多；（2）弱关系强度假设——个人的社会组织网络差异性越大，通过弱关系摄取社会资源的概率越高；（3）社会资源效应假设——人们的社会资源越丰富，工具性行动的结果越容易实现。在这里，社会资本具有网络资源分配、交换与工具性目标实现功能，但是弱关系社会资本与强关系社会资本所具有的信息收集、信息分配、社会交换、社会分层与目标实现功能不同。

与格兰诺维特不同的是，一些学者构建所谓强关系理论解释社会资本功能。边燕杰等提出"强关系力量假设"理论，对格兰诺维特的"弱关系力量假设"理论提出挑战，认为在中国市场经济的工作分配体制下，个人网络主要用于获得分配决策人的信息和影响，而不是用来收集创业信息，尤其农民工更是如此。因为农民工即使获得了信息，也没有关系强的决策人施加影响，有可能得不到理想的创业效果。在创业的诸多关键环节，个人的关系强弱功能作用十分明显。对多数农民工来说，他们不能与政府机构建立直接的强关系，必须通过中间人或中介机构建立关系，而中间人、农民工和最终帮助者双方必须都是强关系。如果中间人与互动双方的关系是弱关系，中间人和最终帮助者未必能提供最大限度的帮助，因为弱关系社会资本的功能实际上不能有效发挥中介作用。因此，强关系而非弱关系可以充当没有联系的个人之间的网络桥梁。强关系与弱关系相似，都有信息收集、信息分配、社会分化与目标实现功能，但是强关系与弱关系起作用的约束条件不一样。

事实上，社会资本有着丰富多样的经济社会功能，远超弱关系、强关系与社会资源理论所给出的功能边界范围，而且分析视角不同，社会资本的功能分类也不同。作为一种网络形态的资本，能够对网络中行为主体需求、社会地位、机会识别、行为选择、资源利用、风险分散有复杂影响。从农民工返乡创业发展角度来说，它对身处社会资本网络中的农民工，具有社会资本积累、需求满足、社会流动、机会识别、内容选择、资源整合、风险分散等功能。

一、社会资本自我累积功能

自我累积功能是指创业过程中，农民工的原始社会资本网络会对后续的社会资本发展有直接影响，也就是说农民工社会资本是不断累积发展的。这是经济学关于资本的典型观点，例如用于生产和投资的资本将会产出更多的资本，这就是资本的倍增累积功能。社会资本作为一种资本类型，其同样具备资本的倍增累积功能。例如，农民工的社会资本应用会让自己、几个、几十个人找到合适工作，而找到工作的人会通过已经建立起来的社会就业网络，扩大社会就业信息的收集、分配与使用，不断地扩大就业搜寻边界，扩大就业社会网络。返乡农民工正是以拥有的社会资本为基础，通过借用、联合、嵌入等方式，不断扩大自己的社会资本，使创业获得事半功倍的效果。

　　社会资本的自我累积功能表现在三个方面。一是社会资本网络边界具有自我扩张性。返乡农民工小的社会资本网络不断在创业过程中扩大发展，从家庭成员扩展到村社成员，再到更加广泛的人群，从农村小村庄扩散到社会层面。二是等级扩张性。随着社会资本的边界扩张，社会关系互动增加，社会资本主体快速增长，社会资源分配需要秩序化，以解决社会资本的稀缺性矛盾。因此，社会成员之间，会以各种方式对社会资本进行等级梯度分配，社会网络中总有一些人处在较高网络等级，而另一些人总会处在较低社会网络等级，社会资本地位呈现等级分布状态。社会资本的等级梯度发展，意味着社会资本本身也是存在梯度的，社会资本也是分层的。对返乡创业的农民工来说，其在初始阶段拥有的社会资本都是低层次的，但是这些资本却构成了农民工返乡创业所需社会资本的基础层次。在这些社会资本的基础上，农民工返乡创业者才能够实现这些社会资本的向上移动，在社会资本获得了更高的层次和地位后，社会资本带给返乡农民工的资源、机会和效益才能更多。返乡农民工社会资本从低层次向高层次的发展，不仅需要资本所有者以经济资本、文化资本和符号资本为基础，同时还要不断地拓展自身的社会交往范围，要在社会交往的关系中与更高社会阶层的个体和组织建立相对紧密的关系；当然，这与其原有的社会资本也联系密切，以往的社会资本为其后续的社会资本的梯度上升提供了基本的可能性，也提供了潜在的发展方向和联系信息。社会资本的梯度理论意味着，返乡农民工之间存在着广泛而复杂的社会资本竞争，返乡农民工必须有意识地发展、积累并提升自身的社会资本，才能让社会资本转化为更强大的创业推动力和目的性工具，否则，就可能因为社会资本不足而一直处在低层次社会资本阶段。现实中，不同的返乡创业农民工所处的社会资本的梯度，是有明显差异的。三是社会资本类型自我累积。农民工社会资本发展过程中，不仅个人型社会资本不断发展扩大，而且组织型社会资本和社会契约型社会资本，也是不断发展变化的，社会资本的种类结果不断多样化，同时也不断扩大。

二、社会资本需求满足功能

根据 1943 年美国心理学家亚伯拉罕·马斯洛在《人类激励理论》论文中提出的需求层次理论（Maslow's Hierarchy of Needs），亦称"基本需求层次理论"，人的行为动机是由多种不同层次与性质的需求所组成的，而各种需求间有高低层次与顺序之分，每个层次的需求与满足的程度，将决定个体的人格发展境界。马斯洛把人的需要分为五个层次，由低到高，像金字塔一样组合排列，依次是生理的需要、安全的需要、社交的需要、尊重的需要和自我实现的需要。低一层次的需要获得满足后，就会向高一层次的需要发展。一般来说，只有在较低层次的需求得到满足之后，较高层次的需求才会有足够的活力驱动行为。其中位于金字塔底部的三种需要可称为缺乏型需要，只有满足了这些需要，个体才能感到基本上舒适。顶部的两种需要可称之为成长型需要，因为它们主要是为了个体的成长与发展。个体为实现自己需要，就会采取相应的措施。按照马斯洛的需求层次理论，返乡农民工社会资本发展行为，不论是为了创业还是其他目的，都有自己内在的需求目的。彭聘龄（2005）认为目前绝大多数返乡创业农民工基本实现了温饱型生活，正在为实现小康社会生活努力，他们开始追求自我价值，为过上更好的日子、为子女未来创造发展的机会、实现经济资本增值、提高社会地位、追求创业成功、回报家乡带领更多人致富而努力，返乡创业则是他们实现新梦想的最直接最有效奋斗方式。一方面，二元经济结构下城乡之间进行了分割，城市对农民工采取敌对、歧视等态度，缺乏根本关注农民工阶层的发展及心理需要的机制，更谈不上农民工的自我价值的实现，尽管也有部分农民工在城市买了房子进行了初始的创业，也得到了一定的社会认可，但同时他们也表示"还是要回到家乡去的"，城市特别是发达城市对农民工而言是一个缺乏安全感、体面感、归属感与缺乏尊重、情感需要得不到满足的地方，社交朋友圈也仅仅限于老乡之间和务工的同事之间，社会资本网络对新梦想实现作用式微。另一方面，农民工常年在外务工，在乡邻看来，是能人,而对于农民工自己来说,发展社会资本与创业,恰好是证明自己是能人的理想方式,从而满足自己的社会地位、人格尊严与个性价值实现需求。在这一过程中,农民工充分发挥自己资源优势,开展创业以实现自己需求。社会资本作为农民工可利用的资源,对农民工社会需求扩张与实现将产生独特影响,为农民工创业需求选择、实现将提供基本的也是最持久的动力。

三、社会资本社会流动功能

社会资本的社会流动功能,对返乡创业农民工而言,就是改变其社会地位的功能。在现代社会发展理论中,社会流动(social mobility)作为一个社会固有的特征,即社会成员按照一定分层体系中的社会位置进行变动的过程,是从一种社会等级地位转移到另一种社会等级地位的变化现象(郑杭生,2003)。在社会分层体系中,个人社会流动实际上是一个广泛的持久的竞争过程,社会地位的升降,实际上是个体社会竞争力的增减。社会流动变化过程中,一方面人们利用社会资源开展社会地位竞争,另一方面则利用社会地位所能获得的资源,扩大社会资源来源并提升社会阶层地位。社会资本作为个人的重要资源,在个体社会流动性变化过程中,其作用一是为社会流动性变化提供社会网络支持,另一方面利用既有的社会资源网络,扩大自己的发展,并为持续不断的网络竞争与社会地位竞争提供更加强大的网络。

因此,社会资本影响农民工的社会流动性功能,实际上是指社会资本影响农民工社会地位竞争的功能,主要是影响农民工社会资源的整合应用的功能。社会资本网络变动影响农民工返乡创业的资源分配,这种分配随着农民工社会流动情况不同而不同。农民工社会流动性根据其方向性,可划分为两种最基本的形式,即水平流动(horizontal mobility)和垂直流动(vertical mobility)。韩长赋(2007)认为水平流动是指农民工返乡创业在同一等级的不同位置之间的横向移动,这种流动是在同一社会等级序列中的社会地位的均衡性改变;农民工返乡创业垂直流动是指在不同社会分层之间跨越等级界限的位置移动,根据社会等级地位流动方向,又可进一步分为上向流动(upward mobility)和下向流动(downward mobility)。社会资本对返乡农民工的社会流动作用,既有垂直的向上流动和向下流动,也有横向的转移流动,具体影响效应取决于社会资本对返乡农民工社会综合竞争力影响程度。这是因为社会资本既会影响返乡农民工在同一社会等级内的资源占有水平，又会影响其对不同社会等级资源的占有水平，因此社会资本占有，首先直接决定着返乡农民工社会资本竞争力，进而影响返乡农民工社会地位变化；而且社会资本具有外部性，社会资本还会影响返乡农民工其他资本的作用效用，并影响与之竞争互动的其他主体的社会竞争力，从而在改变返乡农民工绝对竞争优势的同时，还影响返乡农民工相对竞争力，进而改变社会资源分配，从而影响社会地位的变动，产生社会流动。不过，一种不安的发展趋势是，返乡农民工社会资本的社会流动性作用正不断下降，同时，精英农民工与普通农民工社会资本占有差距正在扩大，这使返乡农民工社会地位日益低阶层固化和两极分化，社会资本的社会流动性功能也随之分化。

四、社会资本创业机会识别功能

农民工返乡创业首先要进行创业机会识别，农民工社会资本创业机会识别功能就是社会资本有助于农民工创业机会的发现识别的作用效应。农民工创业受行业经验、认知能力、社会资本和创新思维四大个体因素影响。社会资本的创业机会识别功能主要是指社会资本利用独特的信息收集、发送、分配互动机制，能够发现社会资本网络中的各个主体的社会需求类型、规模与独特偏好，从而形成对特定行业与地域的创业市场经验。在已有经验的基础上，农民工通过不断的社会资本网络交流，特别是组织型社会资本内部的交流，能够享有组织的技术经验与技术路线，提高社会观察力、市场敏感力和专业技术能力，提高社会认知能力。农民工信息的扩展深化，认知能力的提升，将不断提高农民工创新能力，而创新能力增长与其他能力增长一起，将提高创业机会的识别的准确性、及时性与可行性。创业机会识别的及时性、准确性与可行性提高，将提高农民工创业发展与创业社会竞争力，推进社会资本网络扩张、社会资本层次提升和互动频度，进一步强化其创业机会识别功能。

以行业经验作用为例，如果创业者创业内容和项目就是自己曾经从事的行业，那么其就容易在这个行业内积累社会资本，也能够调用行业内社会资本，发现与利用创业机会。调查发现，80%的返乡创业农民工所选择的创业内容都是与自己的打工经历相关或是相近的。长期的行业经历所积累的社会资本，让其在共享行业经验、技术、市场、需求、风险信息的同时，建立起认知能力与个人社会资本特质之间的紧密联系，能够提高农民工创业认知能力的可塑性。因为农民工个人认知能力与个人能力紧密相关，社会资本通过收集信息、分配信息与共享信息，提升农民工市场信息的解读理解能力和创业机会的认知能力。社会资本提升农民工认知能力，就提升了农民工创业机会识别能力，有助于其发现好的创业机会。例如，一直从事餐饮行业的返乡农民工，如果想在现代农业领域进行创业，他就会利用就业过程中认识或交往的农业行政人员、行业专家顾问、咨询服务机构、企业员工或是研究人员，获得农业领域相关政策、技术、产品类型、市场需求、劳动力工资等信息，就能够形成对农业领域创业机会的整体的认识，这比他对其他行业领域创业机会的识别要全面、准确与及时。这有利于农民工做出正确的创业选择。

不同的社会资本创业机会识别功能不同。个人型社会资本因为社会关系信息收集、分配与分享的个体性、亲友性与相对封闭性，其机会识别功能局限于亲戚朋友小圈子，识别范围相对有限，功能相对较弱。组织型社会资本覆盖范围大、网络层次多，信息收集能力强、信息质量高、信息相对专业，因此组织型社会资本更加倾向于更大范围、更具专业性和更具广泛性主体的创业机会识别。所以，农民工所拥有的组织型社会资本的层次越高、密度越大，其能够获得来自组织网络的支持就越大，在创业机会识别中往往就能够占得先机，也能够获得其他人无法获得的重要的信息资源。组织型社会资本不仅会帮助返乡农民工扩大创业机会识别范围，同时也能够提高创业机会识别的精准性与专业性，因为组织网络不仅构成了农民工的第二经验，同时也提供了其创业的智囊与参谋力量来源。组织型社会资本也会对农民工机会识别中的创新思维和意识产生重要影响。创新意识首先来源于个人对相关创业领域的综合把握能力，来自对自身知识能力的系统调用，这是基础；但是不可否认的是，创新能力在很多情况下也是依靠团队完成的，是在沟通、讨论和交流中完成的，更是在良好的社会创业组织环境、组织保障条件下完成的，而这些外部组织环境对创业机会识别、意愿、创新意识与思维具有重要影响，从而也对创业机会识别方法、思维等方面的创新产生重要影响。契约型社会资本主要的形式是建立社会关系网络，因此，它具有普遍覆盖性、制度平等性和持久性，对社会创业具有引导性，因而能够对农民工创业机会识别产生普遍的、长期的影响，能够提供有关创业的一般的、持久的机会的信息，引导农民工进行长期的、基本的创业机会识别。

虽然三大类型的社会资本创业机会识别功能不同，但是农民工在进行创业机会识别时，三大社会资本创业机会识别功能是同时起作用的，对农民工创业选择产生不同程度的影响。

五、社会资本创业内容选择功能

农民工返乡创业时面临创业项目选择问题，如何选择具体项目，事关创业成败。通常而言，创业要遵循以下四方面原则，即创业要与国家政策呼应、与市场前景相符合，创业要与市场需求相协调，创业要与个人兴趣、时间和地域相符合，创业要量力而行等。这四方面的原则是指导创业者选择创业内容的重要原则，但却不可能演变为创业的具体项目。创业者创业项目选择影响因素很多，社会资本也发挥着十分重要的作用，有助于创业选择正确的创业事业，这就是社会资本的创业内容选择功能。

第一，社会资本影响创业领域与行业选择。国家政策本身就构成了契约型社会资本的内容，而政策规定着国家发展领域与产业的战略方向、支持力度等。从这个意义上看，社会资本对创业领域与行业选择有重要影响。国务院总理李克强到河南新郑考察返乡农民工创业情况时发现，创业者都是围绕大枣加工业展开的。为什么会出现这样的情况呢？新郑是全国知名的大枣优势产区，其种植大枣的历史深厚，产品品质优良，当地加工大枣的产业也都有一定的发展历史，加上国家对农产品加工业出台了扶持政策，这就更强化了返乡农民工围绕大枣开展创业活动的信心。国家政策等契约型社会资本对创业行业领域的选择影响，集中体现了国家政策对相关行业发展的宏观调控，这种调控本身就是发出了市场信号，是对市场调节机制的补充和纠偏，指示出未来可能的创业领域和国家支持的产业方向。因此契约型社会资本以国家政策等通过行业引发、指示与支持，影响农民工创业行业收益、成本、资金供应而影响创业行业选择。类似地，组织型社会资本通过组织社会关系网络引导、指示和支持农民工个体创业行业，影响不同创业行业经验、信息、收入、成本与资金供给，影响创业行业选择。个人型社会资本通过个人社会网络，提供创业行业经验、渠道与客户，影响创业行业收益、成本等，影响创业行业选择。

第二，社会资本影响创业产品选择。市场需求不仅构成了农民工返乡创业的客观环境，更是制约性因素之一。农民工返乡创业活动本质上就是市场活动，市场有着自身的运行法则和制度，市场制度也是农民工返乡创业要面对的契约性社会资本。相对开放的市场环境和公平交易的市场规则为农民工返乡创业提供了基本的保障，但是这还远远不够。创业者要获得市场回报不仅要熟悉市场规则，同时还要能够积累市场性社会资本，要建立自己的市场网络，要培育自己产品的市场客户，要建构自己的市场品牌声誉等，但构建市场声誉离不开各种市场中介组织的支持。也就是说，创业产品的选择必须与组织型社会资本结合并受其影响，即组织型社会资本能够帮助创业者客观评估预期产品的市场需求类型，实现比个人更客观与理性的产品选择。比如，返乡农民工很少选择金融领域创业，这是因为该领域内农民工并没有积累社会资本，同时金融领域的市场中介组织往往是被国家或大资本垄断，返乡农民工难以进入金融创业市场。因此，农民工通过组织型等社会资本的信息与建议，可能选择非金融市场产业与产品创业。但是，如果加入新型社会组织与平台，获得新的发展机遇，及时改进传统的创业产品，就会有新的市场需求。例如，当前的"互联网+"平台，为返乡农民工创业提供了新的产品选择，创业领域出现了非常多的"微商"，他们初期的客户和产品往往来自自己的朋友圈和微信圈。这正是新型组织型社会资本选择创业市场与产品的生动体现。这其中，也有个人型社会资本作用。契约型社会资本、组织型社会资本和个人型社会资本通常相互作用，影响创业产品选择。

第三，社会资本对创业的时间、地域选择的影响。社会资本除了影响创业行业、市场与产品外，还影响创业的时间、地点的选择。合适的创业时间和地域将会十分有利于农民工对社会资本的调用，从而影响创业资源配置的有效性。以创业的时间为例，不同的时间点上国家政策和社会环境对不同的创业内容有不同引导支持，例如国家对网络创业的扶持力度持续增长，那么在政策支持时期开展电商或是互联网创业就较为有利。因为这个时期最能够有效获得国家和地方政策的支持，这个时期的社会环境也形成了对此类创业的最大关注和持续期待。以创业地域为例，上文中谈到的新郑返乡农民工选择大枣加工业为创业内容，这就选对了创业地域，因为当地盛产红枣且红枣加工业也已有较长历史的发展，已经建立起相关的契约型、组织型、个人型社会资本，农民工可以利用家乡已经建立起来的社会资本，降低资源配置成本、提高资源配置效率。一方面返乡农民工在家乡创业，他们在创业过程中遇到的很多问题都能够通过亲戚、朋友、同学和老乡等帮助化解；另一方面，在经营上，因为已经有先期发展的企业，这些后来的返乡农民工也能够得到指导和利用已有的各种组织网络，扩大市场；再一方面，地方政府为发展壮大地方优势产业、优势农产品，最大限度地提供政策和制度等层面的优惠措施。因为社会资本的影响，农民工的创业时间与地域选择最大限度地避免了强调个人能力、兴趣和偏好产生的时空非理性行为。这是个人社会资本创业选择功能作用的基本表现。

第四，社会资本对创业投入的决策影响。创业通常要量力而行，社会资本不同程度地影响农民工创业投入，从而产生创业投资选择效果。现实中，社会资本在很大程度上决定了一个人可以筹借的创业资本的多少，创业者自身资本的构成也决定了其能够调用的社会资本支持力度。因为，农民工的创业行动往往是与自己的家庭、朋友等社会网络中的个体发生关联的，个人的成败也将深刻影响这些人的社会际遇，因此从社会关联的视角看，量力而行是对创业者的一种锻炼，也是对其相关者的一种庇护。因此，社会资本是农民工返乡创业社会支持的重要来源，也是其风险缓解的重要安全阀，农民工创业投资的选择必然与社会资本紧密关联并受后者深刻影响，创业项目不仅要依据个人物质资本而定，而且还依社会资本情况确定，更要依据自身社会网络所能够承受的创业失败风险来确定。

蓝思科技董事长周群飞的创业故事在这个方面表现得十分典型。在 20 世纪 80 年代，周群飞就跟着父母来到了深圳打工，打工的时候，她做手表玻璃加工。1993 年，她开始创业，而创业的项目仍是手表玻璃加工，而后手机市场的日益火爆和相关订单的启发，她将手表玻璃加工转向了手机玻璃加工。后来智能手机的出现对手机触屏提出了新的要求，这种情况下她凭借在打工期间结识的台湾技术人员建立起联系，公司联合了相关的手机生产厂家进行了研发和技术攻关，扩大了产品市场，创业进入了新的发展阶段。后来随着国家对产业结构的调整和沿海产业向内地的转移，蓝思科技也将自己的工厂搬回了周群飞的湖南老家。在地方招商引资政策下，她不仅扩大了规模，同时引入了大量的专业人才。据 2015 年《胡润百富》的调查，周群飞成为新一届内地"女首富"。这个创业故事说明，农民工的创业选择既受打工过程积累的个人型社会资本影响，也受组织型社会资本和契约型社会资本的重要影响。

第五，社会资本对创业方式选择的影响。农民工通常面临网络创业、兼职创业、加盟创业和团队创四种创业方式，但在实际创业时，应该选择哪种创业方式呢？事实上，农民工创业方式选择同样受众多因素影响，农民工社会资本作为重要影响因素之一，对实际创业方式选择产生复杂影响。

网络创业是指创业者以网络为载体和平台开展创业行为，例如当前各种以"互联网+"为模式的创业活动，其都是借助网络去进行创业的。对于这种方式，首先要求农民工具备基本的能够使用网络的技能和硬件，这方面的条件构成了网络创业的基本个人资本，而网络与信息化工程建设的不断推进、互联网技术的普及和信息渠道的畅通等则是国家层面为网络创业提供的环境基础和保障，这构成了网络创业的契约型资本。一些曾经在网络公司或是信息公司工作的经历则能够让创业者继续获得来自组织型社会资本的支持。因此，具有网络组织社会资本的农民工，选择网络创业更具有比较优势。

兼职创业是指创业者除了自己的创业活动外，其还有其他的工作。对于返乡农民工而言，其最基本的条件就是能够在从事农业生产的同时，持续开展自己的创业行动。农民工返乡创业的兼职创业方式，其实还依托了当前中国农村的家庭生计模式，这种模式就是以代际分工为基础的小农经济的模式。在这种模式中，创业者可以专心自己的创业行动，同时还能够获得来自父辈家庭的农业生产经营活动的支持。返乡农民工选择这种兼职创业方式，或多或少受到社会资本影响。农民工社会资本是其所具有的农民身份带来的，农民身份能够获得小农经济土地资源和农村社会关系，而国家制度层面设置的城乡二元的体制和结构,为农民工提供了创业方式选择空间。虽然在很多方面,学者们都会批判城乡二元结构给农民所带来的不平等待遇,但是在返乡农民工选择兼职创业的方式上,城乡二元的结构恰恰能够给创业者提供便利。返乡农民工在多数情况下都利用了自己身份和社会制度进行兼职创业。尤其是一些实力相对不足的农民工,因为社会资本支持有限,选择兼职创业模式更可行。

加盟创业是指农民工共享已有商业公司的管理、品牌和产品等价值和内容的创业方式。当农民工创业起点较高时,创业需要资金、品牌、管理等方面的支持,获取大规模资金、高起点品牌与专业化管理能力,成为重中之重。因此,农民工除了充分利用个人型社会资本外,还需要组织型社会资本与契约型社会资本。所以,具有较强组织型社会资本与契约型社会资本的农民工,会采用加盟创业方式进行创业。这样,他就可以利用所加盟商业公司的组织型社会资本,分享其公司的人才、产品、销售网络、宣传资料、管理资源等而扩大母公司的实力、影响和品牌价值,增加创业的成功率,加快创业发展速度。同时,还可以利用加盟公司、利用政策进行融资,增强社会融资能力,提高创业能力。因此,契约型社会资本和组织型社会资本相对丰富的农民工,选择加盟创业方式,能够更好地发挥自身社会资本优势,成功的可能性就越高。

团队创业方式,是指具有创业意愿的几个人一起创业,也就是合伙创业。在团队创业中,农民工在个人能力上能够实现互补,在创业兴趣上则是相当一致。加盟型创业对返乡农民工契约型组织型社会资本有较高的要求,而团队创业方式需要高质量的个人型社会资本的支持。因为团队创业方式需要团队的紧密协作,团队成员只有建立紧密关系,才能在团队中发挥出自己的价值和优势,愿意也能够为整个团队的创业行动贡献自己的力量。团队创业方式最看重的是每个团队成员的个人创业特质与关系构建能力,尤其是创业团队中的核心成员更需要具备丰富的个人资本,其不仅要能够有所特长,同时还必须将团队中其他个人的能力和素质进行协调和整合,要发挥出团队创业的优势来,要塑造和培育团队文化,形成团队的凝聚力。具有丰富个人型社会资本的农民工,容易建立小团队,选择团队创业方式显然更可行。

六、社会资本资源整合功能

社会资本不仅有创业机会识别、创业项目选择功能，而且还具有创业资源整合功能。对于创业者而言，其在创业过程中面临的困境各种各样，从创业困境的不同阶段看，创业者面临的困境有创业初始阶段困境，创业中间阶段困境和创业发展阶段困境等；而从创业困境所具体指涉的内容看，创业困境则要更加具体和细致，例如资金困境、销售困境、管理困境、技术困境、制度困境等。而要克服各种创业困境，需要借助社会资本的力量，对各种资源进行整合，实现资源利用最大化。例如，可以利用社会网络中的技术资源，解决创业机会识别难题。很多返乡农民工想创业，但是他们并不清楚自己应该选择一个什么样的创业项目，他们不知道依据什么原则来识别创业机会，更缺乏相关的指导。而个人型社会资本的不断丰富、契约型社会资本的指导和扶持、组织型社会资本的保障和培养等，都会让返乡农民工在创业机会识别中获得先机。

借助社会资本功能，可以解决创业项目发展难题。创业过程中，返乡农民工经常面临创业内容和创业项目选择的困境。什么样的创业项目适合自己、什么样的创业项目适合市场、什么样的项目适合什么样的创业地域等，这都是需要农民工仔细考虑和斟酌的事项。要化解这样的困境，也离不开社会资本的帮助，无论是借助市场研究方法、问题导向方法还是趋势分析方法，要有效使用这些方法都需要社会资本的支持。这种支持可能是物质层面的，也可能是精神层面的。社会资本可以整合创业发展资金，解决项目资金难题。返乡农民工在创业过程中，难免遇到大大小小的资金问题，面临资金困境的时候，一般会有两个选择，一是通过个人型社会资本网络进行筹资，如通过自己的亲戚、朋友和同学等化解资金困境。二是契约型社会资本在一定程度上也能够化解创业者的资金困境。当前，国家针对返乡农民工创业出台了相应的扶持支持，其中金融支持是重要组成部分，国家鼓励金融机构解决返乡农民工创业中的融资困境，因此国家制度和规范等构成的契约型社会资本也能够在一定程度上解决创业者的资金困境。组织型社会资本也能够有效帮助创业者克服创业过程中的资金困境，但是因农民工缺乏组织保障，因此这类社会资本在多数农民工中都是相当匮乏的。但不管怎样，社会资本的资源整合功能，对创业产生重要影响，只是不同类型的社会资本整合功能作用不同而已。个人型社会资本、组织型社会资本与契约型社会资本在整合资金资本等资源的同时，还会整合劳动力、技术、信息、市场渠道等资源，解决创业项目实施过程中的系列资源难题，提高资源配置能力和整合效率。

七、社会资本创业风险分散功能

创业环境的多变性和不确定性、创业活动能够实现目标的不确定性、加之创业者本身的能力不足及其有限理性等，都会给创业活动带来不确定性，让创业者在创业过程中面临大量创业风险。

从创业风险的产生及其具体内容看，创业风险具有以下特征。第一，客观存在性。即创业风险是与创业活动相伴的，任何创业活动都会出现风险，且创业内外因素的不确定性也使风险产生具有客观性。第二，创业风险具有不确定性。例如创业行动会面临来自未知对手的竞争，创业活动会面临未知的市场需求冲击、技术与设想可否转化为现实的不确定性等。第三，创业风险具有成本收益双重特征。即创业风险一方面意味着创业活动面临的失败和损失，另一方面，创业风险也意味着创业行动将会具备潜在的巨大市场价值，高风险意味着高收益。第四，创业风险的关联性。创业风险的生成不仅与创业者的策略、行动和理念等相关联，也与创业活动所在行业发展状况、国家相关政策和市场变动等紧密关联，创业风险不是孤立存在的。第五，创业风险动态变动性。创业风险在创业不同阶段有不同表现，在创业的具体事项上也会面临不同的风险内容，故此创业风险也是变动不定的。第六，创业风险的可预测与不可预测并存性。创业风险在　定程度上是能够被预测的，这个预测要依靠一定的方法和手段，同时创业风险又是难以预测的，因为很多风险的产生是突发因素导致的，这是难以预测的，即使能够预测，也可能因为个别因素的突变而产生难以预测的结果。

农民工创业风险类型也具有多样性。通过调研发现，返乡农民工创业有四大风险，它们分别是：资金筹集风险、市场风险、信息沟通和信任风险、创业管理风险。资金筹集风险主要是资金筹集不确定性产生的风险，市场风险是市场波动变化产生的不确定性风险，信息沟通与信任风险是信息发送、传递、识别不确定性与非对称性导致的信任变化的风险，创业管理风险是管理失误、管理不确定性引发的风险。不同类型的风险都会对创业产生重大影响。

创业风险的控制首先要求创业者要能够清晰地界定创业过程所面临风险的具体来源，在确定来源的基础上，通过对创业风险的识别和创业风险的评价，甄别导致风险产生的不同因素，有针对性地对风险因素进行控制。社会资本创业风险分散功能主要是创业风险规避、风险预防、风险抑制以及风险分散降低。社会资本风险规避功能是指创业者利用社会资渠道与资源，对创业所面临多种风险的综合考虑和分析，结合自身的风险承受能力和风险管理水平，通过调整创业方式、内容和策略等方式，分散创业风险。社会资本风险预防功能是指农民工利用社会资本网络、渠道、资源与信息优势，在风险发生之前，预先识别风险、及时调整和变革创业经营过程中的某些内容，从而提前准备风险应对措施并降低风险带来的不良后果，把风险消灭在萌芽状态。社会资本风险抑制功能更准确地讲是对风险损失的控制，即在风险发生时，农民工可以利用社会资本获取资源，尽可能地降低创业损失的严重程度并缩小风险扩散范围，风险抑制的关键是尽可能降低风险带来的负面效果。

可见，农民工创业过程中，无论是哪种方式的创业风险控制，社会资本都发挥着独特作用。以创业风险规避为例，首先需要创业者对创业内容和行动所可能面对的问题有系统的认识和分析，这个工作的基础是创业者对社会资本的充分调动，要能够将自己的能力和知识应用到创业风险的识别、分析和评估中。个人型社会资本风险分散功能意味着，创业者要能够通过社会网络获得更多的关于风险的认知和预防。此外，组织型社会组织也会通过提供风险控制的培训等，让创业者提高创业风险的控制能力。而制度型、契约型社会资本的不断优化，会让创业者能够获得来自国家政府和制度层面的更好的帮助和扶持，这在一定程度上也有助于返乡创业农民工更好地控制创业风险。与此类似，社会资本对其他种类的创业风险有着多重的交互联结作用效果，对分散创业风险有独特作用。

第三节　返乡农民工社会资本发展与创业互动

农民工社会资本发展与返乡创业是相互作用的。就像前面分析的那样,社会资本对创业有着复杂多样的影响。一是进行自我累积发展,提高农民工返乡创业社会关系竞争力,为返乡创业发展提供关系保障。二是改变农民工社会地位,扩大农民工社会综合竞争力,提升创业竞争保障力。三是不断地满足返乡农民工社会创业的需求,在增加农民工生活满足水平的同时,为返乡农民工创业提供动力,因为创业的最终目的是满足农民工及家庭成员的需求。四是创业机会识别,发现创业机会,为实际创业开创可能性。五是创业内容选择,确定创业领域与行业,发展创业市场与产品,选择优化创业时间,优化创业空间布局,确定创业投入,选择创业方式,把创业机会与需求转变为实际创业行动。六是创业资源整合,提高资源配置效益,保障创业成功。七是分散创业风险,通过创业风险规避、风险预警与风险控制,降低创业资金风险、市场风险、信任风险和管理风险,提高创业成功率。

农民工返乡创业对其社会资本发展有重要影响。一是返乡创业为社会资本投资提供了空间,创业发展将促进社会资本投资,扩大社会资本积累。二是返乡创业为社会资本应用提供了机会,从而也为社会资本报酬提供了可能,提高了社会资本利用率和报酬水平。三是返乡创业的发展,提高了农民工社会竞争力,进而也提高了农民工社会资本竞争力。四是返乡创业对社会资本的需求,为社会资本发展提供了驱动力。五是返乡创业方式不同,社会资本的投资发展方式不同,返乡创业影响社会资本发展方式与策略选择。六是返乡创业需要资金,这可能影响社会资本投资,从而影响社会资本积累发展。

农民工返乡创业发展过程中,不同农民工之间、返乡农民工与在乡农民之间,存在着创业与社会资本发展竞争,社会资本发展与创业行为互动更加复杂。在不同博弈力量作用下,社会资本发展与返乡创业发展互动演化,农民工社会资本与返乡创业出现不同的分化演变,产生诸多农民工社会发展问题。农民工社会资本发展与返乡创业互动的动态演化关系见图2-1。

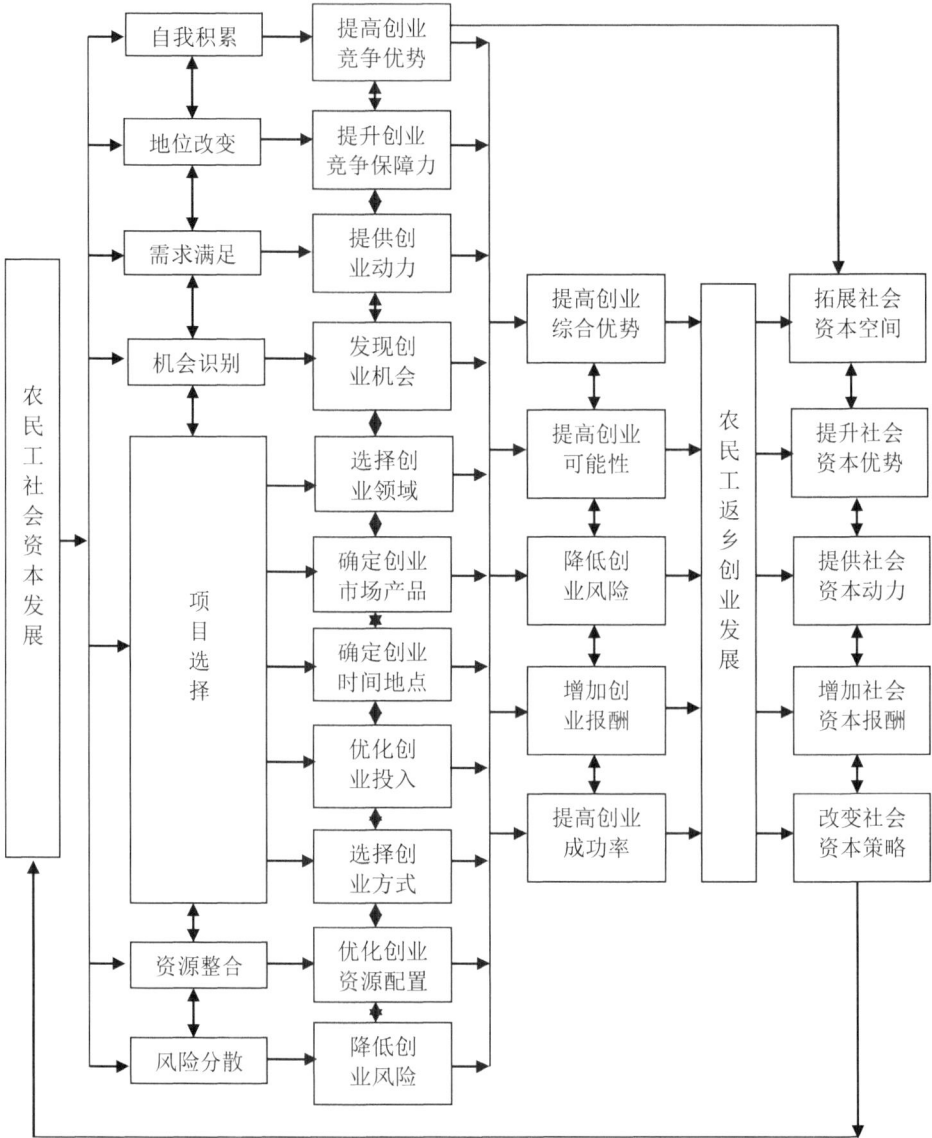

图 2-1　返乡创业农民工社会资本发展与创业互动关系

第三章　农民工返乡创业的社会资本现状与问题

返乡创业农民工社会资本有着不同类型、多样性功能，并与创业有着复杂的互动关系，因此，返乡农民工社会资本发展状况与存在问题，不仅会影响创业的发展，而且也会影响社会资本的积累发展，结合实证调查，深入了解返乡创业农民工社会资本发展状况与存在问题，有着重要的理论与现实意义。为此，研究中设计专门的调查问卷，进行实证调查，获得了有关返乡农民工社会资本发展第一手资料。本章主要结合实际调研样本数据，对农民工返乡创业社会资本现状与问题进行归纳总结，为后续农民工社会资本问题发展演化与实证研究提供基础，也为社会资本发展对策建议提供可靠材料。

第一节　样本调查与统计

从 2015 年 12 月至 2016 年 3 月，采用随机方法，总共发放 600 份问卷，得到有效问卷 482 份。通过对 482 份农民工创业问卷调查数据进行分析，得到如图 3-1 所示。

在女性已婚者的 157 个样本中，10 个小学文化水平，占 6.4%；73 个初中水平，占 46.5%；48 个高中水平，占 30.6%；26 个大专及以上水平，占 16.5%。具体统计分析见表 3　1。

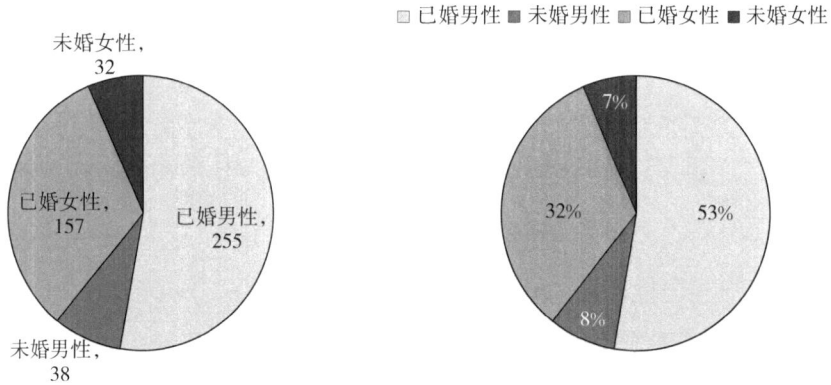

图 3-1 农民工性别和婚姻情况

表 3-1 157 个女性已婚农民工学历统计特征

类型	量表选项	小学（10 个）		初中（73 个）		高中（48 个）		大专及以上（26 个）	
		数量	比例	数量	比例	数量	比例	数量	比例
外出务工时间	3 年以下	7	70%	23	31.5%	6	12.5%	7	26.9%
	4~6 年			29	39.7%	18	37.5%	11	42.3%
	7~9 年			10	13.7%	4	8.3%	6	23.1%
	10 年以上	3	30%	11	15.1%	20	41.7%	2	7.7%
行业类别	种植业	7	70%	14	19.2%	6	12.5%	8	30.8%
	制造业			9	12.3%	4	8.3%	3	11.5%
	建筑业			9	12.3%	12	25%		
	餐饮业			20	27.4%	16	33.3%	4	15.4%
	商业	2	20%	10	13.7%	5	10.45%	6	23%
	其他行业	1	10%	11	15.1%	5	10.45%	5	19.3%
是否参加技能培训	是	4	40%	30	41.1%	26	54.2%	17	65.4%
	否	6	60%	43	58.9%	22	45.8%	9	34.6%

续表

类型	量表选项	小学(10 个)		初中(73 个)		高中(48 个)		大专及以上(26 个)	
		数量	比例	数量	比例	数量	比例	数量	比例
政府扶持力度	无			4	5.5%	2	4.2%	3	11.5%
	较少	3	30%	25	34.2%	22	45.8%	18	69.2%
	中等	4	40%	23	31.5%	12	25%	5	19.3%
	较大	2	20%	18	24.7%	4	8.3%		
	非常大	1	10%	3	4.1%	8	16.7%		
兄弟姐妹数	1 个			8	11%	2	4.2%	3	11.5%
	2 个			12	16.4%	16	33.3%	17	65.5%
	3 个	1	10%	25	34.2%	16	33.3%	3	11.5%
	4 个	7	70%	19	26%	7	14.6%	3	11.5%
	5 个以上	2	20%	9	12.4%	7	14.6%		
是否有公务员之类亲戚	是	7	70%	42	57.5%	38	79.2%	22	84.6%
	否	3	30%	31	42.5%	10	20.8%	4	15.4%

在女性未婚者的 32 个样本中，0 个小学水平；2 个初中水平，占 6.25%；4 个高中水平，占 12.5%；26 个大专及以上水平，占 83.25%。具体分析见表 3-2。

表 3-2　32 个女性未婚农民工学历统计特征

类型	量表选项	小学(0 个)		初中(2 个)		高中(4 个)		大专及以上(26 个)	
		数量	比例	数量	比例	数量	比例	数量	比例
外出务工时间	3 年以下					3	75%	8	30.8%
	4~6 年							12	46.2%
	7~9 年							5	19.2%
	10 年以上			2	100%	1	25%	1	3.8%

续表

类型	量表选项	小学(0个)		初中(2个)		高中(4个)		大专及以上(26个)	
		数量	比例	数量	比例	数量	比例	数量	比例
行业类别	种植业							8	30.8%
	制造业							3	11.5%
	建筑业								
	餐饮业			2	100%	3	75%	4	15.4%
	商业							6	23%
	其他行业					1	25%	5	19.3%
是否参加技能培训	是			2	100%	4	100%	15	57.7%
	否							11	42.3%
政府扶持力度	无							3	11.5%
	较少					2	50%	18	69.2%
	中等			2	100%	2	50%	5	19.3%
	较大								
	非常大								
兄弟姐妹数	1个							6	23.1%
	2个					3	75%	17	65.4%
	3个					1	25%	3	11.5%
	4个			2	100%				
	5个以上								
是否有公务员之类亲戚	是			2	100%	4	100%	26	100%
	否								

在男性已婚者的 255 个样本中，15 个小学水平，占 5.9%；113 个初中水平，占 44.3%；102 个高中水平，占 40%；25 个大专及以上水平，占 10.8%。具体分析见表 3-3。

表 3-3 255 个男性已婚农民工学历统计特征

类型	量表选项	小学(15 个)		初中(113 个)		高中(102 个)		大专及以上(25 个)	
		数量	比例	数量	比例	数量	比例	数量	比例
外出务工时间	3 年以下	5	33.3%	33	29.2%	25	29.2%	2	8%
	4~6 年	1	6.7%	16	14.2%	18	14.2%	6	24%
	7~9 年	2	13.3%	21	18.6%	16	18.6%	4	16%
	10 年以上	7	46.7%	43	38%	43	38%	13	52%
行业类别	种植业	4	26.7%	20	17.7%	11	10.8%	5	20%
	制造业	3	20%	18	15.9%	18	17.6%		
	建筑业	2	13.3%	28	24.8%	36	35.3%		
	餐饮业	3	20%	25	22.1%	24	23.5%	6	24%
	商业	3	20%	9	8%	8	7.9%	6	24%
	其他行业			13	11.5%	5	4.9%	8	32%
是否参加技能培训	是	1	6.7%	51	45.1%	54	52.9%	18	72%
	否	14	93.3%	62	54.9%	48	47.1%	7	28%
政府扶持力度	无	3	20%	9	8%	7	6.9%	2	8%
	较少	5	33.3%	32	28.3%	47	46.1%	20	80%
	中等	5	33.3%	47	41.6%	36	35.3%	3	12%
	较大	2	13.7%	21	18.6%	10	9.8%		
	非常大			4	3.5%	2	1.9%		
兄弟姐妹数	1 个	7	46.7%	13	11.5%	3	2.9%	4	16%
	2 个	3	20%	29	25.7%	25	24.5%	15	60%
	3 个	3	20%	29	25.7%	35	34.3%	6	24%
	4 个	2	13.3%	18	15.9%	23	22.5%		
	5 个以上			24	21.2%	16	15.8%		
是否有公务员之类亲戚	是	5	33.3%	70	61.9%	79	77.5%	22	88%
	否	10	66.7%	43	38.1%	23	22.5%	3	12%

在男性未婚者 38 个样本中，4 个具有小学水平，占 10.5%；0 个具有初中水平；10 个具有高中水平，占 26.3%；24 个具有大专及以上水平，占 63.2%。具体分析见表 3-4。

表 3-4　38 个男性未婚农民工学历统计特征

类型	量表选项	小学(4 个)		初中(0 个)		高中(10 个)		大专及以上（24 个)	
		数量	比例	数量	比例	数量	比例	数量	比例
外出务工时间	3 年以下					1	10%	13	54.2%
	4~6 年					3	30%	2	8.3%
	7~9 年	2	50%			4	40%	9	37.5%
	10 年以上	2	50%			2	20%		
行业类别	种植业	4	100%						
	制造业					5	50%	3	12.5%
	建筑业							1	4.2%
	餐饮业					1	10%	4	16.7%
	商业							7	29.2%
	其他行业					4	40%	9	37.4%
是否参加技能培训	是					4	40%	16	66.7%
	否	4	100%			6	60%	8	33.3%
政府扶持力度	无	4	100%					2	8.3%
	较少					1	10%	18	75%
	中等					9	90%	4	16.7%
	较大								
	非常大								

续表

类型	量表选项	小学(4 个)		初中(0 个)		高中(10 个)		大专及以上 (24 个)	
		数量	比例	数量	比例	数量	比例	数量	比例
兄弟姐妹数	1 个					5	50%	8	33.3%
	2 个					4	40%%	11	45.8%
	3 个	2	50%					4	16.6%
	4 个	2	50%					1	4.3%
	5 个以上					1	10%		
是否有公务员之类亲戚	是	2	50%			9	90%	24	100%
	否	2	50%			1	10%		

调查问卷样本性别、年龄、婚姻、文化程度、务工年限、就业行业、兄弟姐妹人数、是否参加技能培训、社会关系等都具有典型性与代表性，符合实际经验观察。

第二节 农民工返乡创业的社会资本现状

结合调查问卷，将返乡创业农民工社会资本发展状况总结为以下五个方面：第一是重视个人亲友社会资本发展积累。调查发现，482 个样本中，有352 个样本有公务员之类的朋友，占到总样本的 73%，其中有 56% 的样本与亲朋好友的联系比较多，39.4% 的样本基本不联系，完全不联系的样本占 4.6%。与亲朋好友联系比较多的样本中，有 63% 以上的农民工返乡创业群体更愿意与亲友互动，并有 17% 的样本能够借到钱或者收到来自亲友的直接创业帮助。第二，农民工个人学缘社会资本质量和层次都较低。男性样本初中及以下水平比例为 45.05%，高中水平的为 38.23%，大专及以上文化占 16.72%，但在未婚男性农民工中大专及以上文化水平的比例很高，占 63.16%，他们的年龄都比较小，都集中在 22～28 岁之间。而在女性样本中，初中文化以下的占44.98%，高中文化占 27.51%，大专及以上文化占 27.51%，与男性样本类似的是,在未婚女性农民工中大专及以上文化水平的比例也很高,占81.3%,她们的年龄都集中22~26之间。从农民工从事行业来看,从事商业及其他行业的为129个,仅占26.8%,有353个样本,即73.2%农民工在返乡前从事的行业都是诸如种植业、制造业、建筑业、餐饮业等之类的劳动密集型行业。从知识水平以及返乡前所从事的行业来看,返乡农民工的社会资本网络中,大多数的交往对象仍旧是农民工,而社会交往网络中结识干部、商人、知识分子、加入行业协会、聘请专业顾问等的社会精英农民工个体较少,这就导致其在创业时期无法获得更加有力的社会网络的支持。第三,农民工个人亲缘型社会资本类型占主导。调查中发现,同时拥有三类社会资本的农民工不足20%,60%以上的农民工通常只能支配个人型社会资本,而个人型社会资本主要是亲戚关系网络。第四,农民工社会资本相对封闭和弱势。农民工社会资本封闭性是指农民工社会交往的圈子相对封闭,或者说其他群体的社会交往圈子很难向农民工敞开,即在外务工交往的圈子都是工友,回家联系的几乎都是亲戚,很少有其他诸如同学会、老乡会之类的圈子;而边缘性则指的是,农民工拥有的社会资本在社会资本的整体范畴中比较弱势,其力量也相对弱小。调查问卷显示,农民工社会资本整体实力弱小,在社会竞争中处于劣势。第五,从农民工社会资本的功能发展情况看,近几年农民工社会资本发展较快,结构单一化、封闭性弱势性问题有所缓解,但调查信息表明,返乡创业农民工社会资本大多是亲缘主导型社会资本,社会资本结构与功能无法满足创业竞争的社会需求。

第三节 农民工返乡创业的社会资本存在的主要问题

一、返乡农民工社会资本积累偏小

通过调查农民工在创业当中可以借钱的朋友个数、日常联系的朋友个数和是否存在政府、金融等机构朋友来衡量创业者社会资本量的实际情况,发现多数农民工的社会资本数量都是较小的,在创业过程中,可以为他们提供资金、信息和技术等方面帮助的人不超过10个,89%的被调查者都是如此。同时农民工社会资本的质量也较低,这首先表现在农民工社会网络当中,具有较好经济条件和较高社会地位的个体较少,同时这些网络中的社会关系对象只在非关键问题上提供一定的帮助，但在其遇到创业困境，如资金、经营和技术风险时，社会关系中曾经交往的对象一般都会避而远之。这里强调的农民工社会资本规模小也意味着农民工社会资本类型相对单一，其社会资本以个人型社会资本为主，组织型和契约型社会资本都相对匮乏。

二、返乡农民工社会资本渠道趋同

返乡创业农民工社会资本渠道狭窄表现为主要是亲友型社会资本，同质化程度高。调查显示，大多数农民工有公务员之类的亲戚朋友，其中有56%的经常联系，只有4%的不与亲朋好友联系，农民工的社会资本主要与农村的环境、农村的农民相联系，而农村环境和农民所带来的社会资本具有很高的同质性，这种同质性意味着农民工创业的时候要从这种社会资本中获得建设性、启发性和创新性的建议等都是比较困难的；同时从次级社会资本的角度看，73.2%农民工在返乡前从事的行业都是诸如种植业、制造业、建筑业、餐饮业等的劳动密集型行业，且多数从事非技能的生产线工作，这意味着其人力资本无法通过长时间的工作而得到积累和提升。因从事行业的原因，他们很难与经商者、销售者与企业管理者等建立较为相对紧密的社会交往关系，因此，他们无法获得更多类型社会资本、知识结构等社会关系的支持。即使农民工专注于个人型社会资本发展，但始终无法提升层次，也无法扩大个人型社会资本类型，结果是在个人型社会资本边界内，出现低层次同质化——亲友血缘化。

调查显示，农民工契约型社会资本与组织型社会资本发展缓慢，而且许多返乡农民工对契约型社会资本缺乏基本认知，因而很少积累发展。尤其是来自地方政府对创业环境的营造和支持，只有15.6%的农民工得到政府大力度的扶持，农民工创业项目在短期内较难带来地方政府财政收入的增加，加上创业项目多涉及农业行业，这些行业还需要政府的财政项目扶持，所以地方政府缺乏发展组织型、契约型社会资本积极性。或者说，一定程度上，县级地方政府没有这样的实力为农民工创业提供相对优越的制度环境和实体环境，为农民工提供充足的组织型与契约型社会资本。而从另外一方看，作为创业主体的农民工对创业相关制度的了解也不足，只有50.2%参加过创业培训，他们对这些制度和政策缺乏足够的敏感性，同时也缺乏合适的渠道来获得和学习这些信息。一些地方出台的这些政策和制度更多地停留在文字层面上，而在实施方面，很难发现他们有什么切实的措施和行动，积极主动接入组织型与政府契约型社会资本网络。农民工自我发展组织型与契约型社会资本极不主动，也没有多大成效。由于契约型会资本外在于农民工的先天禀赋，而主要依赖制度的供给者和自我接入，地方政府契约型社会资本供给不足和农民工自身组织型社会资本发展积极性不足条件下，广大农民工社会资本发展必然只能依靠亲友化渠道建立社会资本网络。

三、返乡农民工社会资本结构单一

返乡创业农民工的社会资本结构封闭主要表现为：（1）发展类型选择单一，调查显示农民工主要发展个人型社会资本，而且主要发展与亲友的社会资本，表现出发展类型选择封闭；（2）社会资本交往互动对象单一。互动对象封闭性指的是，农民工社会资本网络中的交往对象相对稳定，主要专注于血缘亲友、地缘乡邻和业缘同事，形成了以血缘为主、亲友支撑的高封闭性社会资本互动对象群体。这种封闭性也阻碍了农民工增量社会资本的增加；（3）社会资本发展层级单一。农民工社会资本层级封闭是指农民工社会资本网络基本上处在社会资本底层，在社会资本竞争中缺乏影响力而边缘化。由于农民工社会地位较低和社会身份相对边缘，加之自身社会资本投资能力有限，导致社会资本发展粗放，没有明确的计划和目标，社会资本认识和管理等比较粗放，缺乏精细深入的谋划与考虑，发展成效不佳，结果是发展速度相对较慢，社会资本层次提升艰难，加强农村地缘熟人社会交往，强化亲情关系和连带关系互动强度与频度，扩大传统个人型社会资本网络，结果就出现社会资本层级固化，导致结构单一。

四、返乡农民工社会资本发展失衡

农民工返乡创业社会资本发展失衡体现在四个方面：

（1）个体失衡。这里主要强调的是因农民工个体禀赋不同而导致其社会资本分配差异的情况。对于个人而言，其打工年限、受教育程度、亲友关系、性格等因素都是影响其获得社会资本量的重要依据。打工年限在 10 年以上的为

31.1%，其中文化程度在初中及初中水平以下的占到45%。个体失衡的第二个内涵是，不同类型的社会资本在不同个体之间也存在较大差异，有的个体善于使用组织型社会资本，有的个体善于使用契约型社会资本，而也有人善于获得个人型社会资本。农民工社会资本也存在显著的个体性格禀赋的差异，为什么会这样呢？社会资本具有显著的社会性特征，社会资本本身就是嵌入在社会结构和社会网络、社会关系当中的，如果农民工本身的性格比较内向且不善于交往的话，那么其社会网络的规模就较小，这样的社会网络也就没有什么社会资源可言；而那些善于社会交往和人际关系的农民工，其社会资本则相对丰富，社会交往网络更大，这样网络中所具备的资源也更多。所以，在调查的35个创业案例中，22例创业的农民工在村民的眼中，都是比较善于交往的，在村民的言语当中，他们被称为"有关系的人"。调查样本中，个人因为性别、年龄、婚姻、兄弟姐妹、教育、打工经历、技术培训和自己管理经历等不同，社会资本就不同。那些教育程度高、年龄较大、兄弟姐妹多、结婚且拥有较高职位的人，社会资本积累较多、层次较高，反之则社会资本积累相对较少、层次较低，精英农民工与普通农民工、年轻农民工与年长农民工之间的个体差别，还是相当地大。

（2）家庭失衡。如同社会资本发展在个人分配中会出现失衡一样，家庭中间也会出现社会资本分配失衡。家庭是个人的集合，所以从本质上看，个体间的社会资本分配失衡必然导致社会资本家庭分配中的失衡。同时，家庭自身的一些特征差异也会导致社会资本分配失衡。比如，残缺家庭很难获得与完整家庭同样的社会资本，同等条件下的核心家庭无法获得与联合家庭或主干家庭等量的社会资本。一定场域内，社会舆论形成的对家庭的整体评价和印象等也是家庭获得社会资本分配的重要因素，而现实中不同家庭获得的社会资本差异显著。这主要表现为：第一，农民工家庭结构越完善，所拥有的社会资本量就越丰富，所获得社会资本的类型也就越多；第二，农民工所在家庭发展阶段的不同，所有拥有的社会资本数量、质量和类型也会有较大的差异。社会资本也是需要投资的，如果农民工所在家庭人生任务较重，就没有足够的时间、空间和资源来为社会资本进行投资，而如果农民工无须承担沉重的家庭任务，那么其即可以花费更多的精力拓展、积累和联合社会资本。第三，家庭规模越大，其社会资本就越丰富,联合家庭胜过主干家庭,主干家庭胜过核心家庭,核心家庭胜过单身残缺家庭。第四,家庭社会地位越高,社会资本再生机会就越多。

(3)代际失衡。如果按照家庭内的代际关系对农民工进行划分的话,社会资本在代际的分配同样也是失衡的。社会资本代际失衡,一方面是指,社会资本量代际差异显著,另一方面指社会资本代际间发展类型存在显著差异。未婚的新生代农民工的文化水平与从事商业或者其他行业的比例比已婚农民工明显高很多,未婚者中大专及以上水平的占71.4%,明显高于已婚者大专及以上水平的比例12.4%;同时从事商业或者其他行业的未婚农民工的比例为45.7%,明显高于已婚农民工从事商业或者其他行业的比例23.5%。这些未婚农民工大多集中在22~28岁的年龄段,与年长的农民工相比,新生代农民工受教育时间更长,接受新生事物的能力更强,也更加善于社会交往,对制度和政策等更加敏感,年长者则更加熟悉出生和长大的村庄,在这个环境中积累和可以调用的社会资本是新生代农民工无法具备的。农民工返乡创业对初级社会资本是需要的,而作为创业主体的新生代农民工则出现初级社会资本弱化的趋势,这也是值得研究关注的。通过调研发现,来自同一个家庭的农民工,年龄大的即父代的农民工初级社会资本更加丰富,而年轻人即子代的农民工,其社会资本主要表现为次级社会资本。从社会资本三个类型上看,个人型社会资本方面,父代与子代农民工各有侧重,但在组织型社会资本和制度型社会资本方面,父代农民工总体上不如子代农民工。在利用家乡的社会资本方面,年轻人往往不如年龄较大农民工,而在利用村庄以外社会资本方面,老一代农民工则往往不如新生代农民工。

(4)阶层失衡。随着农村社会经济的快速发展,农民阶层分化情况也十分显著。农民之间出现的阶层分化,同样也出现在农民工中间。同样是返乡农民工,但是不同个体的家庭经济状况、所从事的工作性质等都意味着其处于不同的社会阶层,其社会资本也就不同。例如,经济富裕阶层的返乡精英农民工,其社会资本就显著优于经济贫困的普通农民工社会资本。对于契约型社会资本来说,其类似一种公共品,原则上其应该被相关者平等地获得,但实际上更高阶层的精英农民工能够获得更多的个人以外的社会资本,而阶层地位较低的普通农民工则较难获得这样的社会资本。在实际创业投资过程中,精英农民工与普通农民工存在竞争博弈，精英农民工社会资本往往占据优势地位，其社会资本发展更快，长期的竞争博弈结果是社会资本阶层分化，阶层之间分配失衡。

社会资本阶层结构失衡的另一发展趋势是农民工与其他社会阶层特别是城市居民阶层的社会资本发展积累失衡。因为第一，农民工多数的学历都不高，这也就决定了其交往范围内群体的社会层次都不太高，其要跨越自身阶层而与更高阶层群体进行交往的话，相对困难；第二，农民工多数从事的是劳动密集型行业的工作，也就是说，其自身的劳动价值往往会因为年龄的增长而不断降低，这也就影响了其更高阶层社会资本的积累；第三，农民工因为缺乏正规的组织依托，很难接触所工作单位和组织提供的组织型社会资本；第四，农民工多数依赖同乡关系或是亲戚关系而进城打工，这就导致其熟悉的人群内，社会阶层具有较强的同质性，同质性的社会资本难以进行优化组合，也就难以通过整合而发挥更大的效用，长期发展的结果是，广大农民工与其他社会阶层的社会资本积累差距越来越大，出现农民工与非农民工阶层失衡。

五、返乡农民工社会资本功能弱小

（1）创业机会识别功能不足。因农民工社会资本的不足和缺陷，社会资本无法帮助其确立具有独特优势的创业项目，甚至是在出现一些难得的创业机会的时候而无法识别和把握。较低质量的社会资本也可能会导致创业机会的虚假识别，从而可能给创业者带来困惑甚至是损失。例如，一直从事餐饮行业的返乡农民工，但是却想在现代农业领域进行创业，如果借用现有的社会资本，如从事非农业领域的朋友和同事、餐饮管理人员等，都很难在其选择农业这个领域时提供必要的帮助。社会组织网络本身就是社会资本的表现形式，农民工所拥有的社会网络的层次相对较低、密度较小，能够获得来自这个网络的支持较弱，在创业机会识别中就难得先机，也很难获得其他人无法获得的重要的信息资源。

（2）创业激励功能不强。首先是创业动机激化能量不足。调查和研究发现，农民工创业动机、机会识别、行业选择、项目决策和项目管理实施都与自己工作的经历有密切的联系。因为创业前农民工大数多在工厂的流水线、生产一线从事简单粗糙的手工或体力劳动等劳动密集型工作，这样的工作经历无法帮助农民工直接培育创业内容；而若是从事服务行业的话，农民工又较难跳出该行业进行创业，这都是社会资本给创业行动的培育带来的局限性。在实地调查中就发现了一个案例，案例中的调查对象目前 45 岁，其从 16 岁就外出打工，在将近 30 年的打工生活中，从纯粹的劳动工人变成了管理层的工人，但从事的行业一直没有改变，也没有在城市买房。曾多次想回家乡创业，但因缺乏资源对接平台和有效的政策帮扶，担心自己的投资风险非常大，也就放弃了返乡创业的想法。这样的创业动机值得肯定，但由于国家和地方政府没能够给予相应的支持，如此这样创业动机没有得到很好的培育。

其次是创业激励支持不足。在调查中，发现农民工所在的村庄、社区甚至家庭，对于其创业活动还不是十分支持，一些社会舆论对农民工创业也带来了不利的影响，这就意味着农民工社会资本对其创业的激励是有问题的。从社会大环境上看，尽管在政策和制度层面对于农民工返乡创业进行了宣传和倡导，但是在具体落实和执行层面，契约型社会资本对农民工返乡创业的鼓励还是不够的，因此，创业激励问题的解决能进一步提高和优化农民工的社会资本。调查中发现，一些返乡农民大面积流转土地从事规模农业生产，这是因为当地规定，土地种植规模超过 100 亩的，每亩可以获得 200 元的土地租金补贴。类似的，一些从事现代设施农业发展的创业者，有些地方政府给予每个设施大棚 3 万元到 5 万元不等的基础设施建设补贴经费，而有些地方则没有这个政策或存在政策没有落实的情况。有一些研究表明，投资农业以失败的居多，而多数投资之所以很难维持，那是因为财政补贴激励机制不完善，这是契约型等社会资本创业激励能量不足的表现之一。

六、返乡农民工社会资本培育动力不足

返乡创业是选择个人创业、兼职创业、网络创业还是团队创业，选择什么样的方式来创业，表面上是由多方面因素共同作用的，但实质是社会资本影响着农民工返乡创业竞争过程。调查中发现，返乡创业的农民工拥有丰富的次级社会资本和弱关系本时，团队创业才会出现；而只有有稳定的工作才能够进行兼职创业。农民工返乡创业社会资本的薄弱情况意味着多数农民工只能选择个人创业方式，即使有多个人，也都是亲友关系。团队创业、网络创业等方式

无法成为农民工创业的选择，也就意味着农民工无法选择具有竞争优势的创业方式，而只能选择具有明显弊端的传统创业方式。可见，农民工社会资本限制了创业方式，抑制了创业优势的提升发展。

农民工创业资金来源主要依靠非农业即打工收入，同质化、封闭性、边缘性的社会资本网络，很难为创业提供大量的、多样化的与开放性的竞争资源，特别是重要的经济资本，这就阻碍了创业的经济资本竞争力发展。同时，农民工长期在外打工，农业的熟悉程度是在不断减弱的，这在新生代农民工身上表现得更加显著。这些新生代农民工多数是没有务农经历的，也就是说没有务农所具备的基本知识和技能，而因为长期在外打工，他们与村组织内个体的社会联系紧密度也弱于一直在村庄内的人，因此其在村庄组织范围内获得的社会资本技术支持是较低的。但农民工长期在城市生活，而且主要从事的是劳动密集型的工作，因此其所接触的其他群体和个体的社会层次较低，也难以积累具有较高技术含量的工作能力，其获得城市社会网络的技术支持优势并不明显。因此，农民工社会资本对选择返乡创业技术竞争优势的发展，实际远低于我们的预期。除此以外，农民工在城市的居住空间上也处于边缘，要么是居住于城市边缘的城中村，要么就是居住在城市的地下空间。在社会地位上，农民工也处于边缘状态，这种边缘状态抑制了农民工心理健康发展，削弱了创业主动性与进取性，对创业竞争优势产生长期负面影响。农民工社会资本的边缘性还具有显著的继承性，也就是说农民工自身在社会资本方面的边缘状态将会让他们的子女也继承这种边缘性。当然，这种继承影响创业优势的长期发展。

第四章　农民工返乡创业的社会资本问题的演化博弈

第一节　农民工返乡创业的社会资本发展影响因素

尽管中国农民工创业经历了几十年的发展，但农民工返乡创业发展仍不令人满意，一些研究发现，20 世纪 90 年代中后期到 2007 年美国次贷危机爆发的十多年里，返乡农民工创业比例稳定在 2%～3% 的低水平（胡俊波，2009），虽然近年来各级政府加大了返乡农民工创业支持力度，农民工返乡创业大幅度增长，但研究显示农民工返乡创业意愿不到 15%（胡雯等，2013），整体创业率不到 5%，而且有超过三分之二的返乡创业农民工认为创业比到外面打工难，超过 70% 农民工对返乡创业经济收益不满意，只有约三分之一的农民工感觉自己创业成功（黄振华，2011），没有出现社会所期待的返乡农民工大众创业繁荣发展局面，许多研究发现这跟农民工创业过程中的社会资本发展问题密切相关。

学者们普遍认为返乡农民工创业除了受国内外经济增长、产业结构升级、经济体制机制与政策制度、家庭结构等因素影响外（白南生、何宇鹏，2002；辜胜祖，2009；韩俊、崔传义，2008），还受农民工心理动机、情感诉求、物质资本、人力资本、社会资本等个体性因素的影响（刘光明、宋洪远，2002；林斐，2004；赵曼等，2008；李含琳，2008；纪志耿，2012）。学者们研究还发现，社会资本有助于增加农民工工作机会、改善生活、加强权益保护、扩大创业资金来源、降低创业风险、提高生活满意度（祝冲，2007；安海燕、张树锋，2015）。王春超、周先波（2013）发现不同类型的社会资本对农民工创业与就业的影响效应不同，而且具体效应还受农民工地域差异与农民工人力资本约束，人力资本低的农民工，其社会资本收入边际作用更低（谢勇，2009）。但新近研究表明，社会资本对农民工返乡创业的影响远比上述分析还要复杂。郑少锋、郭群成（2010）有关重庆的调查研究发现，返乡农民工创业的社会资本作用效应一方面取决于农民工返乡创业行为心理识别与创业空间因素，另一方面还取决于农民工拥有的社会资本规模。农民工返乡创业作为一种自主选择行为，其抉择可能有更深层次的复杂原因，比如返乡创业相对外出就业或创业的报酬优势，以及在家创业的时间分配弹性，更方便兼顾创业、家庭与失业风险矛盾（韩俊，2009），所以家庭需求与社会责任因素比政府政策支持、年龄、教育乃至社会地位追求等对农民工返乡创业的影响更突出，农民工返乡创业主要是农民家庭关系、就业与创业平衡选择的结果（陈文超等，2014）。此外，农民工返乡创业过程中，为保证创业成功，对人力资本与社会资本进行慎重投资是完全必要的（安海燕、钱文荣，2015）。针对地方政府政策选择，农民工不得不与政府进行复杂的创业动态博弈，农民工—政府社会资本关系制约着农民工返乡创业均衡演化（董文波等，2013）。社会资本成为返乡农民工创业的重要决定因素。

农民工应用社会资本影响创业的同时，社会资本发展也同样不尽人意，出现了社会资本积累偏少、结构单一、来源狭窄、培育动力不足、再生失衡等系列类问题。这些问题产生的内在原因极其复杂，影响因素众多。

一、国家政策因素

尽管各级地方政府大力鼓励农民工返乡创业，而且也出台了大量支持政策，这些政策但多侧重于对农民工的经济支持，如减免税收、农机补贴和贷款优惠等等，少数地区鼓励农民工建立合作社等组织，对社会资本发展有一定促进作用。但是，许多地方政府政策对农民工创业社会资本发展缺乏系统的规划安排，大多只是鼓励农民工发展传统社会组织等社会资本，缺少针对性的指导和支持，并且大多局限在农民工所在乡镇这一狭窄范围之内，对新型社会资本发展缺乏政策引导和支持，有的甚至实施较严格的控制。即使是传统的如合作组织等社会资本的发展，政策赋予农民工的自主性也极其有限，许多地方政府事实上是各种社会资本的主导者、控制者和使用者。这样，农民工一方面只能在有限范围内、有限空间内发展自己社会资本，另一方面发展起来的社会资本特别是一些重要的组织型社会资本，却受政府政策控制，因而农民工社会资本发展积累困难、总量偏少。在农民工与政府社会资本博弈的过程中，一是政府总是处于主导优势地位，政府决定着农民工社会资本的发展政策导向、发展水平与占有分配，导致政府—农民工社会资本分配失衡；二是农民工不得不在有限的政策许可的领域内，加大投资力度，进行社会资本发展竞争，其结果是农民工社会资本发展类型简单，发展同质，同时因竞争拥挤导致社会资本成本过大，削弱了农民工社会资本发展潜力，导致农民工社会资本发展积累缓慢，社会资本总量偏少、结构单一。

二、社会地位因素

农民工社会资本发展积累除了受国家政策影响外，还受自身社会地位影响。农民工创业过程中的社会资本发展过程也是社会资本竞争过程，社会地位能够对社会资本竞争产生重要影响。首先，社会地位初始状态决定着农民工社会资本初始水平，也就决定了农民工创业社会资本稀缺性水平，直接决定农民工社会资本初始竞争优势，进而影响社会资本发展竞争优势水平。其次，社会地位高低代表社会权力大小，社会地位高的农民工拥有的社会权力就越大，其在社会资本竞争中，就有更多的社会权力获取更多资源发展社会资本，有更多的渠道多占社会资本，而且发展社会资本的成本相对较低。最后是社会地位影响社会资本发展风险。社会地位高的农民工，抵抗社会资本发展风险能力较强，社会资本发展风险较低，社会资本积累较快。社会地位较低的农民工，可利用的社会资源较少，社会资本发展风险规避能力较弱，社会资本发展风险较高，社会资本发展失败可能性较社会地位高的农民工高，社会资本积累较慢。由于中国农民工社会地位发展分化严重，返乡创业农民工社会地位极不平衡，尤其是普通农民工与精英农民工之间，社会地位分化更加严重。农民工社会地位分布不平衡导致普通农民工与精英农民工社会资本发展失衡，精英农民工社会资本发展竞争占据明显优势，社会资本积累较多、质量更好、结构更合理、效率更高。

三、物质资本因素

社会资本发展是一个投入产出竞争过程，物质资本是社会资本发展基础。物质资本首先是直接影响社会资本投资规模，直接影响社会资本积累水平；其次是影响社会资本的物质资本投入质量，直接决定社会资本发展质量；再次是影响社会资本发展物质资本成本，进而影响社会资本发展积累效应，物质资本充裕的精英农民工发展社会资本较少依赖社会贷款、抵押融资，从而降低发展社会资本的融资成本，提高了社会资本发展自主性，有助于降低社会资本发展综合成本，因而提高了社会资本发展效益；最后是影响社会发展竞争优势，物质资本多的精英农民工，社会资本投入能力强，社会资本竞争优势明显，在社会资本竞争中处于主导地位，而普通农民工，物质资本通常较少，在社会资本竞争中经常处于弱势，社会资本发展处于弱势依附地位。中国社会的实际情况是，绝大多数的普通返乡农民工，物质资本远少于精英返乡农民工，在社会资本发展竞争过程中，总是处于不利的竞争地位，这加剧了农民工社会资本发展两极分化，导致社会资本发展失衡。

四、人力资本因素

农民工人力资本包括健康资本、教育资本和管理经验技术资本三类。健康资本直接影响农民工社会资本投入能力和发展空间，也影响社会资本发展风险和成本。教育资本为社会资本发展提供知识支持，为社会资本提供发展积累渠道，直接影响农民工社会资本发展决策能力、风险分散水平和效率，影响农民工社会资本竞争力，是社会资本发展极其重要的基础。管理经验直接影响社会资本发展精英成本，影响社会资本发展战略决策、路径选择和策略选择，影响社会资本管理成本。通常，人力资本丰富、质量高、结构合理的农民工，社会资本发展竞争优势更大，社会资本积累更快、质量更高。技术和知识一样重要，特别是需要核心技术支持的社会资本，技术的作用更加明显。因此，人力资本通过影响农民工社会资本发展投入能力、发展空间、竞争优势、社会资本知识经验与技术支持、社会资本发展风险分散、社会资本发展渠道和发展效率，影响社会资本积累水平、质量和结构。

五、创业环境因素

农民工创业的环境因素很多，这里只考虑创业地区、创业领域、创业方式与创业风险偏好因素的影响。农民工创业地区因素影响农民工社会资本发展需求、政策支持、竞争优势、竞争拥挤与发展成本，创业领域因素影响社会资本发展需求、社会资本投资准入、社会资本发展比较优势、社会资本知识技术与经验支持、竞争拥挤水平与社会资本成本，创业方式因素直接影响社会资本需求、社会资本发展模式、物质资本与人力资本投入、竞争优势、发展风险和成本，创业风险偏好直接决定社会资本发展战略、发展方式、发展结构与投资水平，进而决定农民工社会资本竞争优势、风险水平和发展成本。由于不同农民工社会资本创业因素组合不同，社会资本发展出现个体分化性、家庭分化性、代际分化性与阶层分化性，集中表现在普通农民工与精英农民工之间社会资本积累分化、结构分化和质量分化。

第二节 农民工返乡创业的社会资本问题演化机理

返乡创业农民工社会资本发展积累存在的整体规模偏小、结构单一、再生失衡等问题，是农民工在五大因素共同约束下竞争博弈的结果。因为普通农民工与精英农民工为在创业与社会资本发展过程中竞争取胜，会依据政策因素、社会地位因素、物质资本因素、人力资本因素和创业环境因素组合关系结合具体情况，进行社会资本竞争发展博弈，在博弈过程中，不同因素发挥不同作用，推进社会资本问题演化机理也不同。政策因素通过影响社会资本发展空间、准入条件、成本，影响社会资本发展战略、路径、需求与竞争领域选择，从而影响普通农民工与精英农民工社会资本发展竞争优势、竞争拥挤与边际成本，从而影响普通农民工与精英农民工社会资本发展规模、类型与分配。随着政策因素的持续作用，普通农民工与精英农民工社会资本发展出现阶层分化、代际分化与个体分化，导致社会资本再生失衡。社会地位因素主要影响普通农民工与精英农民工社会资本发展社会权力、社会资源获取、社会资本初始状态与社会资本发展渠道，进而影响普通农民工与精英农民工社会资本发展竞争优势、边际成本与边际收益，影响普通农民工与精英农民工社会资本渠道、策略、类型与规模选择，进而影响普通农民工与精英农民工社会资本发展社会分化，导致普通农民工社会资本规模偏小，普通农民工与精英农民工社会资本发展竞争拥挤，结构趋同，社会资本分配失衡。物质资本因素主要影响普通农民工与精英农民工社会资本发展战略与策略，影响社会资本物质投资能力和风险规避能力，影响普通农民工与精英农民工社会资本发展竞争优势、边际成本与边际收益，进而影响普通农民工与精英农民工社会资本类型选择、发展规模，引起普通农民工与精英农民工社会资本积累分化，导致社会资本发展失衡。人力资本因素影响普通农民工与精英农民工社会资本发展战略、目标、路径选择，影响普通农民工与精英农民工社会资本发展知识、经验与技术竞争保障优势，影响社会资本发展边际成本、边际收益，进而影响普通农民工与精英农民工社会资本规模均衡。创业环境因素影响普通农民工与精英农民工创业区域选择、创业领域、创业方式与创业风险偏好，进而影响社会资本发展需求，影响社会资本发展投资、发展方式、类型选择，影响普通农民工与精英农民工社会资本发展竞争优势、边际成本与边际收益，最终影响社会资本发展规模、结构与分布，导致普通农民工与精英农民工社会资本累积不均衡。

当普通农民工与精英农民工社会资本发展出现竞争拥挤、规模供给短缺、结构单一、再生失衡时，就会影响政策因素、社会地位因素、物质资本因素、人力资本因素和创业环境因素组合关系作用功能，影响农民工与精英农民工社会资本发展博弈选择，进而影响农民工与精英农民工社会资本发展战略、目标、路径、类型、规模选择，影响农民工与精英农民工社会资本竞争博弈优势、边际成本与边际收益，进一步导致社会资本发展出现竞争拥挤、规模供给短缺、结构单一、分配失衡，社会资本发展问题进一步恶化，严重影响返乡创业农民工社会资本发展问题的解决。普通农民工与精英农民工社会资本发展因素与发展问题纠缠作用，循环不已，社会资本发展问题演化均衡，最终由这一博弈循环过程决定(见图4-1)。

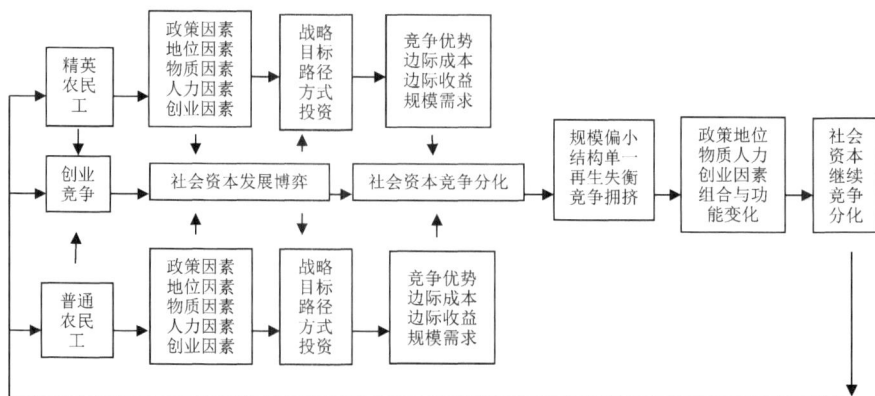

图 4-1　农民工返乡创业社会资本问题演化机理

第三节　农民工返乡创业的社会资本问题演化博弈模型

一、模型假设

大量研究表明，中国返乡农民工规模庞大，其中相当一部分农民工返乡创业。为了简化分析，结合中国农民工返乡创业情况，假设返乡创业农民工分为两类：精英农民工与普通农民工。精英农民工是那些在外面事业有成、资金较充足且有技术或懂管理的农民工，在社会资本竞争中有优势。普通农民工是外出就业情况较一般、资金不多但有一定技术或管理经验的农民工。理论上讲，这两类返乡农民工创业的可能性比那些外出就业失败、没有资金又没有任何技术或管理经验的农民工创业可能性要大得多，后者只是返乡务农或就业，一般不会创业。但是，普通农民工与精英农民工不仅进行创业博弈，同时进行社会资本发展竞争博弈。

社会资本发展竞争过程中，假定精英农民工与普通农民工创业外生的同时，对个人型社会资本与组织型社会资本展开博弈（或契约型社会资本）。精英农民工与普通农民工社会资本发展竞争受五大因素影响，一方面进行个人型社会资本投入竞争，获得个人社会资源如个人技术资金支持，通过个人社会关系获得创业发展收益；另一方面则进行组织型社会资本投资竞争，主要是组织社会资源，以通过社会组织拓展市场、获取资金和节约创业交易成本。精英农民工社会资本投资策略空间为 S_1，S_2 策略集为｛个人型社会资本投资，组织型社会资本投资｝，普通农民工社会资本投资策略空间为 S_1，S_2 策略集为｛个人型社会资本投资，组织型社会资本投资｝。博弈双方都为有限理性，相机展开经济资本投资与社会资本投资博弈。社会资本投资竞争过程中，假定精英农民工初始物质资本为 w_j，精英农民工选择个人型社会资本投资概率为 $0 \leqslant P_1 \leqslant 1$，个人型社会资本投资量为 $x_1(0 \leqslant x_1 \leqslant w_j)$，选择组织型社会资本投资策略概率为 $1-P_1$，组织型社会资本投资规模为 w_j-x_1。同理，普通农民工初始物质资本为 w_p 时，其采用个人型社会资本投资策略概率 $0 \leqslant P_2 \leqslant 1$，个人型社会资本投资量为 $x_2(0 \leqslant x_2 \leqslant w_p)$，选择组织型社会资本投资策略概率为 $1-P_2$，组织型社会资本投资规模为 w_p-x_2。由于精英农民工相对普通农民工较富有，所以 $w_j>w_p$。

返乡农民工社会资本发展决定因素影响竞争策略选择、边际成本与边际收益。政府政策影响社会资本类型选择、边际成本与边际收益。由于政策影响，精英农民工与普通农民工个人型社会资本投资概率变为 $0 \leqslant (1+t_1)P_1 \leqslant 1$、$0 \leqslant (1+t_2)P_1 \leqslant 1$，其中 $0 \leqslant t_1$、$0 \leqslant t_2$ 为政策对两类农民工策略行为的影响系数，并通过竞争策略选择影响边际成本与边际利润。社会地位、物质资本与人力资本因素影响边际成本与边际收益，社会地位、物质资本和人力资本边际收入效应与各自大小成正比，边际成本与各自大小成反比，并通过边际收入与边际成本影响双方竞争优势、竞争策略和社会资本发展。创业环境因素主要通过社会资本发展竞争拥挤水平，影响社会资本发展收益与成本，进而影响农民工社会资本竞争优势、策略与发展。

返乡农民工社会资本竞争策略选择影响创业利润。双方博弈策略组合为｛个人型社会资本投资，个人型社会资本投资｝时，假设精英农民工创业收入与经济资本投资成正比，大小为 $\gamma_{11}x_1$（$0<\gamma_{11}=1+r_{sj1}s_j+r_{mj1}w_j+r_{hj1}h_j$ 为总边际收入系数，$r_{sj1}s_j$ 为精英农民工社会地位收益贡献，s_j、r_{sj1} 分别为社会地位资本及其边际收益系数，w_j、r_{mj1}、h_j、r_{hj1} 分别为物质资本及其边际收益系数、人力资本及其边际收益系数），成本为 $c_{11}x_1$（$0<c_{11}=1+c_{sj1}s_j+c_{mj1}w_j+c_{hj1}h_j$ 为精英农民工总边际成本系数，c_{sj1}、c_{mj1}、c_{hj1} 分别为精英农民工社会地位、物质资本与人力

资本边际成本系数），同时由于双方都采取个人型社会资本投资策略，出现个人型社会资本投资竞争拥挤，导致精英农民工社会资本收入降低 $\varphi_{11}x_1$（$0<\varphi_{11}=1-r_{fj1}f_j$ 为个人型社会资本投资竞争拥挤系数，描述了个人型社会资本投资拥挤对精英农民工收入边际效应，其中 f_j、r_{fj1} 为精英农民工创业环境因素及其边际收入系数），所以精英农民工利润为 $\pi_{11}=\gamma_{11}x_1-\varphi_{11}x_1-c_{11}x_1$。同样，此时普通农民工利润 $\pi_{21}=\gamma_{21}x_2-\varphi_{21}x_2-c_{21}x_2$，其中 $0<\gamma_{21}=1+r_{sp1}s_p+r_{mp1}w_p+r_{hp1}h_p$、$0<c_{21}=1+c_{sp1}s_p+c_{mp1}w_p+c_{hp1}h_p$、$0<\varphi_{21}=1-r_{fp1}f_p$，分别为普通农民工投资边际收入、边际成本与边际拥挤效应系数，s_p、r_{sp1}、w_p、r_{mp1}、h_p、r_{hp1}、f_p、r_{fp1}、c_{sp1}、c_{mp1}、c_{hp1} 分别为普通农民工社会地位、物质资本、人力资本与创业环境因素及其边际收益系数以及社会地位、物质资本、人力资本的边际成本系数。当精英农民工与普通农民工博弈策略为｛个人型社会资本投资，组织型社会资本投资｝时，双方投资领域不同，不会出现投资拥挤现象，此时精英农民工利润为社会资本投资收入 $\gamma_{11}x_1$ 减去成本 $c_{11}x_1$，即 $\pi_{12}=\gamma_{11}x_1-c_{11}x_1$；普通农民工利润等于组织型社会资本投资收入 $\gamma_{22}(w_p-x_2)$ 减去投资成本 $c_{22}(w_p-x_2)$，即 $\pi_{22}=\gamma_{22}(w_p-x_2)-c_{22}(w_p-x_2)$，其中 $0<\gamma_{22}=1+r_{sp2}s_p+r_{mp2}w_p+r_{hp2}h_p$、$0<c_{22}=1+c_{sp2}s_p+c_{mp2}w_p+c_{hp2}h_p$，$r_{sp1}$、$r_{mp2}$、$r_{hp2}$ 分别为社会地位、物质资本与人力资本边际收益系数，c_{sp2}、c_{mp2}、c_{hp2} 为边际成本系数。当精英农民工与普通农民工投资博弈策略为｛组织型社会资本投资，个人型社会资本投资｝，由于双方投资领域不同，不存在竞争拥挤效应，精英农民工社会资本投资收入为 AB，成本为 $c_{12}(w_p-x_1)$，利润为 $\pi_{13}=\gamma_{12}(w_p-x_1)-c_{12}(w_p-x_1)$（$0<\gamma_{12}=1+r_{sj2}s_j+r_{mj2}w_j+r_{hj2}h_j$、$0<c_{12}=1+c_{sj2}s_j+c_{mj2}w_j+c_{h2}h_j$ 分别为精英农民工社会资本投资边际收益系数与边际成本系数，r_{sj2}、r_{mj2}、r_{hj2} 分别为社会地位、物质资本与人力资本边际收益系数，c_{sj2}、c_{mj2}、c_{hj2} 为边际成本系数），此时普通农民工个人型社会资本投资利润 $\pi_{23}=\gamma_{21}x_2-c_{21}x_2$（$0<\gamma_{21}$，$0<c_{21}$）。当精英农民工与普通农民工博弈策略为｛组织型社会资本投资，组织型社会资本投资｝时，双方存在组织型社会资本投资竞争拥挤，使双方组织型社会资本投资利润比单独组织型社会资本投资利润分别降低 $\varphi_{12}(w_j-x_1)$ 和 $\varphi_{22}(w_p-x_2)$（$0<\varphi_{12}=1-r_{fj2}f_j$、$0<\varphi_{22}=1-r_{fp2}f_p$ 分别为双方组织型社会资本投资收益边际拥挤效应系数，r_{fj2}、r_{fp2} 分别为双方创业因素边际收益系数），双方利润分别为 $\pi_{14}=\gamma_{12}(w_j-x_1)-\varphi_{12}(w_j-x_1)-c_{12}(w_j-x_1)$、$\pi_{24}=\gamma_{22}$

$(w_p-x_2)-\varphi_{22}(w_p-x_2)-c_{22}(w_p-x_2)$。

表4-1 精英农民工与普通农民工社会资本博弈矩阵

	精英农民工	普通农民工
	个人型社会资本投资	组织型社会资本投资
个人型社会资本投资	$\gamma_{11}x_1-\varphi_{11}x_1-c_{11}x_1,$ $\gamma_{21}x_2-\varphi_{21}x_2-c_{21}x_2$	$\gamma_{11}x_1-c_{11}x_1,$ $\gamma_{22}(w_p-x_2)-c_{22}(w_p-x_2)$
组织型社会资本投资	$\gamma_{12}(w_p-x_1)-c_{12}(w_p-x_1),$ $\gamma_{21}x_2-c_{21}x_2$	$\gamma_{12}(w_p-x_1)-\varphi_{12}(w_p-x_1)-c_{12}(w_j-x_1),$ $\gamma_{22}(w_p-x_2)-\varphi_{22}(w_p-x_2)-c_{22}(w_p-x_2)$

二、社会资本博弈演化均衡

假设在初始状态下，精英农民工采取"个人型社会资本投资"的期望利润为 U_{11}，采取"组织型社会资本投资"的期望利润为 U_{12}，总期望利润为 U_1，则有：

$$U_{11}=(1+t_2)P_2(\gamma_{11}x_1-\varphi_{11}x_1-c_{11}x_1)+[1-(1+t_2)P_2](\gamma_{11}x_1-c_{11}x_1)$$
$$=(\gamma_{11}-c_{11})x_1-(1+t_2)P_2\varphi_{11}x_1 \tag{1}$$

$$U_{12}=(1+t_2)P_2[\gamma_{12}(w_j-x_1)-c_{12}(w_j-x_1)]+[1-(1+t_2)P_2]$$
$$[(\gamma_{12}(w_j-x_1)-\varphi_{12}(w_j-x_1)-c_{12}(w_j-x_1)]$$
$$=(\gamma_{12}-c_{12}-\varphi_{12})(w_j-x_1)+(1+t_2)P_2\varphi_{12}(w_j-x_1) \tag{2}$$

$$U_1=(1+t_1)P_1U_{11}+[1-(1+t_1)P_1]U_{12} \tag{3}$$

同理，普通农民工采取"个人型社会资本投资"的期望利润为 U_{21}，采取"组织型社会资本投资"的期望利润为 U_{22}，总期望利润为 U_2，则有：

$$U_{21}=(1+t_1)P_1(\gamma_{21}x_2-\varphi_{21}x_2-c_{21}x_2)+[1-(1+t_1)P_1](\gamma_{21}x_2-c_{21}x_2)$$
$$=(\gamma_{21}-c_{21})x_2-(1+t_1)P_1\varphi_{21}x_2 \tag{4}$$

$$U_{22}=(1+t_1)P_1[v_{22}(w_p-x_2)-c_{22}(w_p-x_2)]+[1-(1+t_1)P_1]$$
$$[(\gamma_{22}(w_p-x_2)-\varphi_{22}(w_p-x_2)-c_{22}(w_p-x_2)]$$
$$=(\gamma_{22}-c_{22}-\varphi_{22})(w_p-x_2)+(1+t_1)P_1\varphi_{22}(w_p-x_2) \tag{5}$$

$$U_2=(1+t_2)P_2U_{21}+[1-(1+t_2)P_2]U_{22} \tag{6}$$

根据博弈进化演进策略，精英农民工与普通农民工博弈策略动态演进动力方程如方程(7)所示。

$$
\begin{cases}
F_1 = \dfrac{dP_1}{dt} = (1+t_1)\,P_1\,[\,1-(1+t_1)\,P_1\,]\,[\,a_{11}x_1-a_{12}-a_{13}(1+t_2)\,P\,] \\[3mm]
F_2 = \dfrac{dP_2}{dt} = (1+t_2)\,P_2\,[\,1-(1+t_2)\,P_2\,]\,[\,b_{11}x_2-b_{12}-b_{13}(1+t_1)\,P_1\,]
\end{cases}
\tag{7}
$$

其中 $a_{11}=\gamma_{11}-c_{11}+\gamma_{12}-c_{12}-\varphi_{12}$、$a_{12}=(\gamma_{12}-c_{12}-\varphi_{12})\,w_j$、$a_{13}=\varphi_{12}\,w_j+(\varphi_{11}-\varphi_{12})\,x_1$；

$b_{11}=\gamma_{21}-c_{21}+\gamma_{22}-c_{22}-\varphi_{22}$，$b_{12}=(\gamma_{22}-c_{22}-\varphi_{22})\,w_p$、$b_{13}=\varphi_{22}w_p+(\varphi_{21}-\varphi_{22})\,x_2$。

动力系统方程(7)表明，$P_1=0$、$P_1=\dfrac{1}{1+t_1}$ 或 $P_2=\dfrac{a_{11}x_1-a_{12}}{a_{13}(1+t_1)}$ 时，精英农民工选择个人型社会资本投资策略是稳定的；$P_2=0$、$P_2=\dfrac{1}{1+t_2}$ 或 $P_1=\dfrac{b_{11}x_2-b_{12}}{b_{13}(1+t_2)}$ 时，普通农民工选择个人型社会资本投资策略是稳定的；根据动力系统稳定性基本原理，精英农民工与普通农民工博弈演化均衡稳定性可由动力系统方程(7)雅可比矩阵局部稳定性判定。记方程系统(7)的雅可比矩阵为 J，J 的行列式为 $DetJ$，迹为 Tr，如果均衡解对应的 $DetJ>0$、$Tr<0$，则该均衡解是稳定的；如果均衡解对应的 $DetJ>0$、$Tr>0$，则该均衡解是不稳定的；如果对应均衡解的 $DetJ<0$、$Tr=0$，则该均衡解是鞍点的。令 $J_1=\dfrac{\partial F_1}{\partial P_1}$、$J_2=\dfrac{\partial F_1}{\partial P_2}$、$J_3=\dfrac{\partial F_2}{\partial P_1}$、$J_4=\dfrac{\partial F_2}{\partial P_2}$，则方程系统(7)的雅克比矩阵 J 为：

$$
J=\begin{bmatrix} J_1 & J_2 \\ J_3 & J_4 \end{bmatrix}=\begin{bmatrix} [1-2(1+t_1)\,P_1]\,[a_{11}x_1-a_{12}-a_{13}(1+t_2)\,P_2] & -a_{13}(1+t_1)\,P_1\,[1-(1+t_1)\,P_1] \\ -b_{13}(1+t_2)\,P_2\,[1-(1+t_2)\,P_2] & [1-2(1+t_2)\,P_2]\,[b_1x_2-b_{12}-b_{13}(1+t_1)\,P_1] \end{bmatrix}
$$

$$\tag{8}$$

由于 $DetJ=J_1J_4-J_2J_3$、$Tr=J_1+J_4$，又由于 $0<P_1^{*}=\dfrac{b_{11}x_2-b_{12}}{b_{13}(1+t_1)}<1$，$0<x_1<w_j$，可推出 $0<b_{11}x_2-b_{12}$ 与 $b_{11}x_2-b_{12}-b_{13}<0$；$0<P_2^{*}=\dfrac{a_{11}x_1-a_{12}}{a_{13}(1+t_2)}<1$、$0<x_2<w_p$ 可推出 $0<a_{11}x_1-a_{12}$，$a_{11}x_1-a_{12}-a_{13}<0$，可以计算出方程系统(7)的 $DetJ$ 和 Tr 大小并确定其正负(见表4-2)。

表 4-2　农民工社会资本博弈动力系统均衡与稳定性

博弈系统解	$DetJ$ 大小	$DetJ$ 正负	Tr 大小	Tr 正负	均衡稳定性
$P_1=0,\ P_2=0$	$(a_{11}x_1-a_{12})(b_{11}x_2-b_{12})$	+	$a_{11}x_1-a_{12}+b_{11}x_2-b_{12}$	+	不稳定
$P_1=0,\ P_2=\dfrac{1}{1+t_2}$	$-(a_{11}x_1-a_{12}-a_{13})(b_{11}x_2-b_{12})$	+	$a_{11}x_1-a_{12}-a_{13}-b_{11}x_2+b_{12}$	−	稳定
$P_1=0,\ P_2=\dfrac{a_{11}x_1-a_{12}}{a_{13}(1+t_2)}$	0	0	$\dfrac{(2a_{12}-2a_{11}x_1)(b_{11}x_2-b_{12})}{a_{13}(1+t_2)}$	+	不稳定
$P_1=\dfrac{1}{1+t_1},\ P_2=0$	$-(a_{11}x_1-a_{12})(b_{11}x_2-b_{12}-b_{13})$	+	$b_{11}x_2-b_{12}-b_{13}-a_{11}x_1+a_{12}$	−	稳定
$P_1=\dfrac{1}{1+t_1},\ P_2=\dfrac{1}{1+t_2}$	$(a_{11}x_1-a_{12}-a_{13})(b_{11}x_2-b_{12}-b_{13})$	+	$a_{12}+a_{13}-a_{11}x_1$ $+b_{12}+b_{13}-b_{11}x_2$	+	不稳定
$P_1=\dfrac{1}{1+t_1},\ P_2=\dfrac{a_{11}x_1-a_{12}}{a_{13}(1+t_2)}$	0	0	$\dfrac{(2a_{12}+a_{13}-2a_{11}x_1)(a_1x_2-b_2-b_{13})}{a_{13}(1+t_2)}$	不确定	不存在
$P_1=\dfrac{b_{11}x_2-b_{12}}{b_{13}(1+t_1)},\ P_2=\dfrac{1}{1+t_2}$	0	0	$\dfrac{(2b_{12}+b_{13}-2b_{11}x_2)(a_{11}x_1-a_{12})}{b_{13}(1+t_1)}$	不确定	不存在
$P_1=\dfrac{b_{11}x_2-b_{12}}{b_{13}(1+t_1)},\ P_2=\dfrac{1}{1+t_2}$	0	0	$\dfrac{(2b_{12}+b_3-2b_{11}x_2)(a_{11}x_1-a_{12}-a_{13})}{b_{13}(1+t_1)}$	不确定	不存在
$P_1^*=\dfrac{b_{11}x_2-b_{12}}{b_{13}(1+t_1)},\ P_2^*=\dfrac{a_{11}x_1-a_{12}}{a_{13}(1+t_2)}$	$\dfrac{(a_{11}x_1-a_{12})(a_{12}+a_{13}-a_{11}x_1)\times(b_{11}x_2-b_{12})(b_{12}+b_{13}-b_{11}x_2)}{a_{13}b_{13}(1+t_1)(1+t_2)}$	−	0	0	鞍点均衡

第四节　农民工返乡创业的社会资本问题演化规律

一、返乡农民工社会资本积累规模演化规律

精英农民工与普通农民工社会资本发展博弈均衡不同，组织型社会资本与个人型社会资本预期投资均衡不同。在社会资本发展 $A\left(0,\ \dfrac{1}{1+t_2}\right)$ 均衡点，精英农民工全部投资组织型社会资本，因此其组织型社会资本均衡投资为 w_j-x_1，而个人型社会资本均衡投资为 0，普通农民工组织社会资本均衡投资为 0，而个人型社会资本均衡投资为 x_2。在创业稳定点 $C\left(\dfrac{1}{1+t_1},\ 0\right)$，精英农民工组织

73

型社会资本均衡投资为 0，而 $C\left(\dfrac{1}{1+t_1},\ 0\right)$ 资本均衡投资为 x_1，普通农民工社会资本均衡投资为 $w_p - x_1$，而个人型社会资本均衡投资为 0。在 $D(P_1^*,\ P_2^*)$ 均衡鞍点，精英农民工个人型社会资本投资期望均衡为 $E_{11} = \dfrac{(b_{11}x_2 - b_{12})\,x_1}{b_{13}(1+t_1)}$、组织型社会资本投资期望均衡为 $E_{12} = \dfrac{(b_{11}x_2 - b_{12})\,(w_j - x_1)}{b_{13}(1+t_1)}$；普通农民工个人型社会资本投资期望均衡为 $E_{21} = \dfrac{(a_{11}x_1 - a_{12})\,x_2}{a_{13}(1+t_2)}$，组织型社会资本投资期望均衡为 $E_{22} = \dfrac{(a_{11}x_1 - a_{12})\,(w_p - x_2)}{a_{13}(1+t_2)}$。不难看出（见表 4-3），不论是精英农民工还是普通农民工，个人型社会资本与组织型社会资本均衡水平，都随五大因素做不平衡变化运动，在一定的条件下，随五大因素增长递减，这可能导致农民工社会资本发展积累水平普遍偏低，同时进一步使精英农民工与普通农民工社会资本个体分化、家庭分化，进而导致精英农民工与普通农民工占有的阶层分化，并因这种分化的均衡稳定性而导致占有的代际遗传，出现代际分化。由此可推出结论 1。

结论 1：（1）精英农民工和普通农民工预期社会资本积累规模均衡由五大因素非对称决定；（2）特定条件下，农民工社会资本均衡规模可能普遍偏低。

二、返乡农民工社会资本策略渠道单一性演化

农民工创业竞争博弈均衡表明，精英农民工与普通农民工创业个人型社会资本与组织型社会资本均衡策略选择具有多样性与差异性，但农民工个体具体选择时均衡策略相对单一，而策略选择决定社会资本发展渠道选择。理论上讲，表 4-2 中精英农民工与普通农民工创业投资博弈存在 5 个均衡点，但只有 $\left(0,\ \dfrac{1}{1+t_2}\right)$、$\left(\dfrac{1}{1+t_1},\ 0\right)$ 是均衡是进化稳定的，$\left(\dfrac{b_{11}x_2 - b_{12}}{b_{13}(1+t_1)},\ \dfrac{a_{11}x_1 - a_{12}}{a_{13}(1+t_2)}\right)$ 均衡点为鞍点均衡，其他均衡点是不稳定的。$\left(0,\ \dfrac{1}{1+t_2}\right)$ 均衡策略是精英农民工专注于组织型社会资本投资而普通农民工专注于个人型社会资本投资。$\left(\dfrac{1}{1+t_1},\ 0\right)$ 均

表4-3 农民工社会资本预期均衡随因素变化情况

因素		E_{11}	E_{12}	E_{21}	E_{22}
政策因素	t_1	$\dfrac{(b_{11}x_2-b_{12})x_1b_{13}}{b_{13}(1+t_1)^2}$	$\dfrac{(b_{11}x_2-b_{12})(w_j-x_1)b_{13}}{b_{13}(1-t_1)^2}$	0	0
	t_2	0	0	$\dfrac{(a_{11}x_1-a_{12})x_1a_{13}}{a_{13}(1+t_2)^2}$	$\dfrac{(a_{11}x_1-a_{12})(w_p-x_2)a_{13}}{a_{13}(1+t_2)^2}$
社会地位因素	s_j	$b_{13}x_1x_2\left[x_2\dfrac{db_{11}}{ds_j}\dfrac{db_{12}}{ds_j}-x_1(b_{11}x_2-b_{12})\dfrac{db_{13}}{ds_j}\right]\dfrac{1}{b_{13}^2(1+t_1)}$	$b_{13}(w_j-x_1)\left[x_2\dfrac{db_{11}}{ds_j}\dfrac{db_{12}}{ds_j}-(b_{11}x_2-b_{12})\dfrac{db_{13}}{ds_j}\right]\dfrac{1}{b_{13}^2(1+t_1)}$	$a_{13}x_1x_2\left[x_1\dfrac{da_{11}}{ds_j}\dfrac{da_{12}}{ds_j}-x_1(a_{11}x_1-a_{12})\dfrac{da_{13}}{ds_j}\right]\dfrac{1}{a_{13}^2(1+t_2)}$	$a_{13}(w_p-x_2)\left[x_1\dfrac{da_{11}}{ds_j}\dfrac{da_{12}}{ds_j}-(a_{11}x_1-a_{12})\dfrac{da_{13}}{ds_j}\right]\dfrac{1}{a_{13}^2(1+t_2)}$
	s_p	$b_{13}x_1x_2\left[x_2\dfrac{db_{11}}{ds_p}\dfrac{db_{12}}{ds_p}-x_1(b_{11}x_2-b_{12})\dfrac{db_{13}}{ds_p}\right]\dfrac{1}{b_{13}^2(1+t_1)}$	$b_{13}(w_j-x_1)\left[x_2\dfrac{db_{11}}{ds_p}\dfrac{db_{12}}{ds_p}-(b_{11}x_2-b_{12})\dfrac{db_{13}}{ds_p}\right]\dfrac{1}{b_{13}^2(1+t_1)}$	$a_{13}x_1x_2\left[x_1\dfrac{da_{11}}{ds_p}\dfrac{da_{12}}{ds_p}-x_1(a_{11}x_1-a_{12})\dfrac{da_{13}}{ds_p}\right]\dfrac{1}{a_{13}^2(1+t_2)}$	$a_{13}(w_p-x_2)\left[x_1\dfrac{da_{11}}{ds_p}\dfrac{da_{12}}{ds_p}-(a_{11}x_1-a_{12})\dfrac{da_{13}}{ds_p}\right]\dfrac{1}{a_{13}^2(1+t_2)}$
物质资本因素	x_1	$\dfrac{b_{11}x_2-b_{12}}{b_{13}^2(1+t_1)}$	$\dfrac{b_{11}x_2-b_{12}}{b_{13}^2(1+t_1)}$	$a_{11}(a_{13}x_2-x_1(a_{11}x_1-a_{12})\dfrac{da_{13}}{dx_1}\dfrac{1}{a_{13}^2(1+t_2)}$	$(w_p-x_2)\dfrac{a_{11}x_2-a_{12})\dfrac{da_{13}}{dx_1}}{a_{13}^2(1+t_2)}$
	x_2	$b_{11}x_1x_2-x_1(b_{11}x_1-b_{12})\dfrac{db_{13}}{dx_1}\dfrac{1}{b_{13}^2(1+t_1)}$	$(w_j-x_1)\left[b_{11}b_{13}-(b_{11}x_2-b_{12})\dfrac{db_{13}}{dx_1}\right]\dfrac{1}{b_{13}^2(1+t_1)}$	$a_{11}(a_{13}x_2-x_1(a_{11}x_2-a_{12})\dfrac{da_{13}}{dx_1}\dfrac{1}{a_{13}^2(1+t_2)}$	$(w_p-x_2)\dfrac{a_{11}x_2-a_{12}}{a_{13}^2(1+t_2)}$
	w_j	$b_{13}x_1x_2\left[x_2\dfrac{db_{11}}{dw_j}\dfrac{db_{12}}{dw_j}-(b_{11}x_2-b_{12})\dfrac{db_{13}}{dw_j}\right]\dfrac{1}{b_{13}^2(1+t_1)}$	$b_{13}(w_j-x_1)\left[x_2\dfrac{db_{11}}{dw_j}\dfrac{db_{12}}{dw_j}-(b_{11}x_2-b_{12})\dfrac{db_{13}}{dw_j}\right]\dfrac{1}{b_{13}^2(1+t_1)}$	$a_{13}x_1x_2\left[x_1\dfrac{da_{11}}{dw_j}\dfrac{da_{12}}{dw_j}-x_1(a_{11}x_1-a_{12})\dfrac{da_{13}}{dw_j}\right]\dfrac{1}{a_{13}^2(1+t_2)}$	$(w_p-x_2)\left[a_{13}(x_1\dfrac{da_{11}}{dw_j}\dfrac{da_{12}}{dw_j})-(a_{11}x_1-a_{12})\dfrac{da_{13}}{dw_j}\right]\dfrac{1}{a_{13}^2(1+t_2)}$
	w_p	$b_{13}x_1x_2\left[x_2\dfrac{db_{11}}{dw_p}\dfrac{db_{12}}{dw_p}-(b_{11}x_2-b_{12})\dfrac{db_{13}}{dw_p}\right]\dfrac{1}{b_{13}^2(1+t_1)}$	$b_{13}(w_j-x_1)\left[x_2\dfrac{db_{11}}{dw_p}\dfrac{db_{12}}{dw_p}-(b_{11}x_2-b_{12})\dfrac{db_{13}}{dw_p}\right]\dfrac{1}{b_{13}^2(1+t_1)}$	$a_{13}x_1x_2\left[x_1\dfrac{da_{11}}{dw_p}\dfrac{da_{12}}{dw_p}-x_1(a_{11}x_1-a_{12})\dfrac{da_{13}}{dw_p}\right]\dfrac{1}{a_{13}^2(1+t_2)}$	$(w_p-x_2)\left[a_{13}(x_1\dfrac{da_{11}}{dw_p}\dfrac{da_{12}}{dw_p})-(a_{11}x_1-a_{12})\dfrac{da_{13}}{dw_p}\right]\dfrac{1}{a_{13}^2(1+t_2)}$
人力资本因素	h_j	$b_{13}x_1x_2\left[x_2\dfrac{db_{11}}{dh_j}\dfrac{db_{12}}{dh_j}-(b_{11}x_2-b_{12})\dfrac{db_{13}}{dh_j}\right]\dfrac{1}{b_{13}^2(1+t_1)}$	$b_{13}(w_j-x_1)\left[x_2\dfrac{db_{11}}{dh_j}\dfrac{db_{12}}{dh_j}-(b_{11}x_2-b_{12})\dfrac{db_{13}}{dh_j}\right]\dfrac{1}{b_{13}^2(1+t_1)}$	$a_{13}x_1x_2\left[x_1\dfrac{da_{11}}{dh_j}\dfrac{da_{12}}{dh_j}-x_1(a_{11}x_2-a_{12})\dfrac{da_{13}}{dh_j}\right]\dfrac{1}{a_{13}^2(1+t_2)}$	$(w_p-x_2)\left[a_{13}(x_1\dfrac{da_{11}}{dh_j}\dfrac{da_{12}}{dh_j})-(a_{11}x_1-a_{12})\dfrac{da_{13}}{dh_j}\right]\dfrac{1}{a_{13}^2(1+t_2)}$
	h_p	$b_{13}x_1x_2\left[x_2\dfrac{db_{11}}{dh_p}\dfrac{db_{12}}{dh_p}-(b_{11}x_2-b_{12})\dfrac{db_{13}}{dh_p}\right]\dfrac{1}{b_{13}^2(1+t_1)}$	$b_{13}(w_j-x_1)\left[x_2\dfrac{db_{11}}{dh_p}\dfrac{db_{12}}{dh_p}-(b_{11}x_2-b_{12})\dfrac{db_{13}}{dh_p}\right]\dfrac{1}{b_{13}^2(1+t_1)}$	$a_{13}x_1x_2\left[x_1\dfrac{da_{11}}{dh_p}\dfrac{da_{12}}{dh_p}-x_1(a_{11}x_2-a_{12})\dfrac{da_{13}}{dh_p}\right]\dfrac{1}{a_{13}^2(1+t_2)}$	$(w_p-x_2)\left[a_{13}(x_1\dfrac{da_{11}}{dh_p}\dfrac{da_{12}}{dh_p})-(a_{11}x_1-a_{12})\dfrac{da_{13}}{dh_p}\right]\dfrac{1}{a_{13}^2(1+t_2)}$
创业环境因素	f_j	$b_{13}x_1x_2\left[x_2\dfrac{db_{11}}{df_j}\dfrac{db_{12}}{df_j}-(b_{11}x_2-b_{12})\dfrac{db_{13}}{df_j}\right]\dfrac{1}{b_{13}^2(1+t_1)}$	$b_{13}(w_j-x_1)\left[x_2\dfrac{db_{11}}{df_j}\dfrac{db_{12}}{df_j}-(b_{11}x_2-b_{12})\dfrac{db_{13}}{df_j}\right]\dfrac{1}{b_{13}^2(1+t_1)}$	$a_{13}x_1x_2\left[x_1\dfrac{da_{11}}{df_j}\dfrac{da_{12}}{df_j}-x_1(a_{11}x_2-a_{12})\dfrac{da_{13}}{df_j}\right]\dfrac{1}{a_{13}^2(1+t_2)}$	$(w_p-x_2)\left[a_{13}(x_1\dfrac{da_{11}}{df_j}\dfrac{da_{12}}{df_j})-(a_{11}x_1-a_{12})\dfrac{da_{13}}{df_j}\right]\dfrac{1}{a_{13}^2(1+t_2)}$
	f_p	$b_{13}x_1x_2\left[x_2\dfrac{db_{11}}{df_p}\dfrac{db_{12}}{df_p}-(b_{11}x_2-b_{12})\dfrac{db_{13}}{df_p}\right]\dfrac{1}{b_{13}^2(1+t_1)}$	$b_{13}(w_j-x_1)\left[x_2\dfrac{db_{11}}{df_p}\dfrac{db_{12}}{df_p}-(b_{11}x_2-b_{12})\dfrac{db_{13}}{df_p}\right]\dfrac{1}{b_{13}^2(1+t_1)}$	$a_{13}x_1x_2\left[x_1\dfrac{da_{11}}{df_p}\dfrac{da_{12}}{df_p}-x_1(a_{11}x_2-a_{12})\dfrac{da_{13}}{df_p}\right]\dfrac{1}{a_{13}^2(1+t_2)}$	$(w_p-x_2)\left[a_{13}(x_1\dfrac{da_{11}}{df_p}\dfrac{da_{12}}{df_p})-(a_{11}x_1-a_{12})\dfrac{da_{13}}{df_p}\right]\dfrac{1}{a_{13}^2(1+t_2)}$

衡策略则是精英农民工只进行个人型社会资本投资而普通农民工只进行组织型社会资本投资。$\left(\dfrac{b_{11}x_2-b_{12}}{b_{13}(1+t_1)}, \dfrac{a_{11}x_1-a_{12}}{a_{13}(1+t_2)}\right)$ 策略是精英农民工与普通农民工同时进行个人型社会资本投资与组织型社会资本投资，而且只有沿着特定创业博弈路径，博弈才能稳定在 $\left(\dfrac{b_{11}x_2-b_{12}}{b_{13}(1+t_1)}, \dfrac{a_{11}x_1-a_{12}}{a_{13}(1+t_2)}\right)$，否则会偏离均衡。而 $(0，0)$ 与 $\left(\dfrac{1}{1+t_1}, \dfrac{1}{1+t_2}\right)$ 两点不是均衡点，即精英农民工与普通农民工不会选择{个人型社会资本投资，个人型社会资本投资}、{组织型社会资本投资，组织型社会资本投资}策略模式，其原因是可以避免过度竞争拥挤。

农民工创业投资竞争稳定策略多样性拓展了博弈行为空间，农民工会根据自身条件、个人型社会资本投资与组织型社会资本投资边际收益与边际成本、竞争对手博弈而做出不同选择和反应。这种博弈反应一方面导致农民工社会资本投资行为模式个性化选择进化，农民工行为模式尽可能避免重复与竞争拥挤；另一方面农民工社会资本竞争博弈的长期进化学习，使得不同阶层农民工个人型社会资本投资与组织型社会资本投资发展采取依靠自身优势的差异化策略，精英农民工投资个人型社会资本，专注于发展私人社会关系，获得生产技术、资本支持，以扩大个人型社会资本规模，而普通农民工专注于组织型社会资本投资，扩充组织社会资本网络，以获得社会组织资源与市场，或者精英农民工专注于组织社会资本投资，扩充组织社会资本网络，以获得组织社会资源与市场，而普通农民工投资个人型社会资本，专注于发展私人社会关系，获得私人生产技术、资本支持，以扩大个人型社会资本规模，或者双方沿着鞍点均衡独特路径，小心翼翼地采取混合策略，在扩大个人型社会资本的同时，还进行组织型社会资本投资，获取社会资源与拓展市场，这是现实社会农民工社会资本发展各不相同的理论逻辑基础。不过，农民工创业策略的最终进化均衡模式，依赖于精英农民工与普通农民工的初始状态。同时，精英农民工与普通农民工各自选择单一均衡策略表明鞍点策略的易失衡性，导致农民工社会资本发展渠道因为策略选择进化单一性，农民工社会资本发展投资集中于单一类型，从而使自身社会资本来源渠道单一。因此可以推出结论2。

结论2：（1）农民工创业个人型社会资本与组织型社会资本投资均衡整体

策略模式演化具有多样性、分化性与个体单一性；（2）个体农民工社会资本发展策略单一性导致渠道单一化演化。

当精英农民工与普通农民工处在鞍点均衡 $\left(\dfrac{b_{11}x_2-b_{12}}{b_{13}(1+t_1)}, \dfrac{a_{11}x_1-a_{12}}{a_{13}(1+t_2)}\right)$ 博弈状态时，均衡策略选择的具体水平受到众多因素影响。这些因素包括博弈双方可用的物质资本 w_j 与 w_p、个人型社会资本投资规模 x_1 与 x_2、个人型社会资本投资边际利润 γ_{11} 与 γ_{21}、组织型社会资本投资边际利润 γ_{12} 与 γ_{22}、个人型社会资本投资边际成本 c_{11} 与 c_{21}、组织型社会资本投资边际成本 c_{12} 与 c_{22}、个人型社会资本竞争拥挤边际成本 φ_{11} 与 φ_{21}、组织型社会资本竞争拥挤边际成本 φ_{12} 与 φ_{22}。这些因素实际是农民工政策因素、社会地位因素、物质资本因素、人力资本因素与创业环境因素，它们一是不对称影响精英农民工与普通农民工个人型社会投资策略 $\left(\dfrac{b_{11}x_2-b_{12}}{b_{13}(1+t_1)}, \dfrac{a_{11}x_1-a_{12}}{a_{13}(1+t_2)}\right)$ 均衡水平；二是不对称影响 $\left(\dfrac{b_{11}x_2-b_{12}}{b_{13}(1+t_1)}, \dfrac{a_{11}x_1-a_{12}}{a_{13}(1+t_2)}\right)$ 的变化方向；三是不对称影响 $\left(\dfrac{b_{11}x_2-b_{12}}{b_{13}(1+t_1)}, \dfrac{a_{11}x_1-a_{12}}{a_{13}(1+t_2)}\right)$ 变化速度；四是实现特定变化的约束条件不对称（见表4-4和4-5），极端情况下出现单纯发展个人型社会资本与组织型社会资本行为。不过，$\left(\dfrac{b_{11}x_2-b_{12}}{b_{13}(1+t_1)}, \dfrac{a_{11}x_1-a_{12}}{a_{13}(1+t_2)}\right)$ 只是鞍点均衡，极不稳定，任何因素的扰动都会导致失衡，因此极容易导致农民工社会资本发展渠道选择失衡。由此推导结论3。

结论3：（1）精英农民工与普通农民工个人型社会资本投资与组织型社会资本发展鞍点均衡由国家政策、社会地位、物质资本及投资规模、人力资本与创业环境等五大因素非对称决定；（2）鞍点策略均衡条件下农民工社会资本渠道单一性由五大因素为对称决定。

表 4-4 精英农民工社会资本投资鞍点均衡策略 P_1^* 随因素变化及条件

因素		变化边际速度	变化方向	约束条件
政策因素	t_1	$-\dfrac{1}{(1+t_1)^2}$	递减	$b_{11}x_2>b_{12}$
	t_2	0	不变	无
社会地位因素	s_j	0		
	s_p	$\dfrac{b_{13}\left(x_2\dfrac{db_{11}}{ds_p}-\dfrac{db_{12}}{ds_p}\right)-(b_{11}x_2-b_{12})\dfrac{db_{13}}{ds_p}}{b_{13}^2(1+t_1)}$	递增	$b_{13}\left(x_2\dfrac{db_{11}}{ds_p}-\dfrac{db_{12}}{ds_p}\right)>(b_{11}x_2-b_{12})\dfrac{db_{13}}{ds_p}$
物质资本因素	x_1	0	不变	无
	x_2	$\dfrac{b_{13}b_{11}-(b_{11}x_2-b_{12})\dfrac{db_{13}}{dx_2}}{b_{13}^2(1+t_1)}$	递增	$b_{13}b_{11}>(b_{11}x_2-b_{12})\dfrac{db_{13}}{dx_2}$
	w_j	0	不变	无
	w_p	$\dfrac{b_{13}\left(x_2\dfrac{db_{11}}{dw_p}-\dfrac{db_{12}}{dw_p}\right)-(b_{11}x_2-b_{12})\dfrac{db_{13}}{dw_p}}{b_{13}^2(1+t_1)}$	递增	$b_{13}\left(x_2\dfrac{db_{11}}{dw_p}-\dfrac{db_{12}}{dw_p}\right)>(b_{11}x_2-b_{12})\dfrac{db_{13}}{dw_p}$
人力资本因素	h_j	0	不变	无
	h_p	$\dfrac{b_{13}\left(x_2\dfrac{db_{11}}{dh_p}-\dfrac{db_{12}}{dh_p}\right)-(b_{11}x_2-b_{12})\dfrac{db_{13}}{dh_p}}{b_{13}^2(1+t_1)}$	递增	$b_{13}\left(x_2\dfrac{db_{11}}{dh_p}-\dfrac{db_{12}}{dh_p}\right)>(b_{11}x_2-b_{12})\dfrac{db_{13}}{dh_p}$
创业环境因素	f_j	0	不变	无
	f_p	$\dfrac{b_{13}\left(x_2\dfrac{db_{11}}{df_p}-\dfrac{db_{12}}{df_p}\right)-(b_{11}x_2-b_{12})\dfrac{db_{13}}{df_p}}{b_{13}^2(1+t_1)}$	递减	$b_{13}\left(x_2\dfrac{db_{11}}{df_p}-\dfrac{db_{12}}{df_p}\right)>(b_{11}x_2-b_{12})\dfrac{db_{13}}{df_p}$

表 4-5 普通农民工社会资本投资鞍点均衡策略 P_2^* 随因素变化及条件

因素		变化边际速度	变化方向	约束条件
政策因素	t_1	0	不变	无
	t_2	$-\dfrac{1}{(1+t_2)^2}$	递减	$a_{11}x_1>a_{12}$
社会地位因素	s_j	$\dfrac{a_{13}\left(x_1\dfrac{da_{11}}{ds_j}-\dfrac{da_{12}}{ds_j}\right)-(a_{11}x_1-a_{12})\dfrac{da_{13}}{ds_j}}{a_{13}^2(1+t_2)}$	递增	$a_{13}\left(x_1\dfrac{da_{11}}{ds_j}-\dfrac{da_{12}}{ds_j}\right)>(a_{11}x_1-a_{12})\dfrac{da_{13}}{ds_j}$
	s_p	0	不变	无

续表

因素		变化边际速度	变化方向	约束条件
物质资本因素	x_1	$\dfrac{a_{13}a_{11}-(a_{11}x_1-a_{12})\dfrac{da_{13}}{dx_1}}{a_{13}^2(1+t_2)}$	递增	$a_{13}a_{11}>(a_{11}x_1-a_{12})\dfrac{da_{13}}{dx_1}$
	x_2	0	不变	无
	w_j	$\dfrac{a_{13}\left(x_1\dfrac{da_{11}}{dw_j}-\dfrac{da_{12}}{dw_j}\right)-(a_{11}x_1-a_{12})\dfrac{da_{13}}{dw_j}}{a_{13}^2(1+t_2)}$	递增	$a_{13}\left(x_1\dfrac{da_{11}}{dw_j}-\dfrac{da_{12}}{dw_j}\right)>(a_{11}x_1-a_{12})\dfrac{da_{13}}{dw_j}$
	w_p	0	不变	无
人力资本因素	h_j	$\dfrac{a_{13}\left(x_1\dfrac{da_{11}}{dh_j}-\dfrac{da_{12}}{dh_j}\right)-(a_{11}x_1-a_{12})\dfrac{da_{13}}{dh_j}}{a_{13}^2(1+t_2)}$	递增	$a_{13}\left(x_1\dfrac{da_{11}}{dh_j}-\dfrac{da_{12}}{dh_j}\right)>(a_{11}x_1-a_{12})\dfrac{da_{13}}{dh_j}$
	h_p	0	不变	无
创业环境因素	f_j	$\dfrac{a_{13}\left(x_1\dfrac{da_{11}}{df_j}-\dfrac{da_{12}}{df_j}\right)-(a_{11}x_1-a_{12})\dfrac{da_{13}}{df_j}}{a_{13}^2(1+t_2)}$	递减	$a_{13}\left(x_1\dfrac{da_{11}}{df_j}-\dfrac{da_{12}}{df_j}\right)>(a_{11}x_1-a_{12})\dfrac{da_{13}}{df_j}$
	f_p	0	不变	无

三、返乡农民工社会资本发展结构失衡演化规律

根据博弈模型，可以从两方面讨论农民工社会资本结构问题，一是从精英农民工与普通农民工占有差异考虑社会不同个体与阶层农民工占有结构，二是从精英农民工与普通农民工所占有的个人型社会资本与组织型社会资本分析农民工占有类型结构，并由此推出社会资本发展结构失衡演化规律。

由于精英农民工社会资本预期均衡为 $E_j=E_{11}+E_{12}=\dfrac{(b_{11}x_2-b_{12})w_j}{b_{13}(1+t_1)}$，普通农民工社会资本预期规模为 $E_p=E_{21}+E_{22}=\dfrac{(a_{11}x_1-a_{12})w_p}{a_{13}(1+t_2)}$，所以总社会资本规模比为 $r=\dfrac{E_j}{E_p}=\dfrac{a_{13}w_j(1+t_2)(b_{11}x_2-b_{12})}{b_{13}w_p(1+t_1)(a_{11}x_1-a_{12})}$、个人型社会资本比为 $r_1=\dfrac{E_{11}}{E_{21}}=\dfrac{a_{13}x_1(1+t_2)(b_{11}x_2-b_{12})}{b_{13}x_2(1+t_1)(a_{11}x_1-a_{12})}$、组织型社会资本比为 $r_2=\dfrac{E_{12}}{E_{22}}=\dfrac{a_{13}(w_j-x_1)(1+t_2)(b_{11}x_2-b_{12})}{b_{13}(w_p-x_2)(1+t_1)(a_{11}x_1-a_{12})}$。不难看出，农民工社会资本总量结构、个人型

社会资本结构与组织型社会资本结构，同样由五大因素决定，而且竞争力占据优势和边际成本较低、边际收入较高的一方，占据的比例就越大，通常是精英农民工占据主导优势，因而在竞争博弈过程中，三个比例系数远远大于1，从而出现结构失衡。同时也可能出现 $r_1 r_2$ 相差极大的情况，说明社会资本与阶层种类、阶层结构严重失衡问题。精英农民工个人型社会资本结构与组织型社会

资本比为 $r_{11} = \dfrac{E_{11}}{E_{21}} = \dfrac{x_1}{w_j - x_1}$，普通农民工个人型社会资本结构与组织型社会资本

比为 $r_{21} = \dfrac{E_{21}}{E_{22}} = \dfrac{x_2}{w_p - x_2}$ 分别等于个人型社会资本与组织型社会资本物质资本投资，

完全由农民工物质资本因素决定，与其他因素无关。因此，农民工个人与家庭物质财富分化，将导致个人型社会资本与组织型社会资本均衡结构分化，加之个人社会资本发展偏好差异，可能进一步引起社会资本结构分化。当前的中国农民工，物质财富分化相当严重，个性偏好相差较大，不难预测，社会资本类型结构可能严重失衡。由此可以得到结论4。

结论4：（1）返乡创业农民工社会阶层之间总量结构与种类结构由国家政策、社会地位、物质资本及投资规模、人力资本与创业环境因素等五大因素非对称共同决定；（2）五大因素存在个体差异、社会差异与家庭差异，会导致精英农民工与普通农民工社会资本积累均衡个体分化、家庭分化、阶层分化，并因均衡固化而出代际分化。

博弈演化模型 $\left(0, \dfrac{1}{1+t_2}\right)$ 和 $\left(\dfrac{1}{1+t_1}, 0\right)$ 稳态均衡表明，精英农民工与普通农

民工社会资本发展选择单一，$\left(0, \dfrac{1}{1+t_2}\right)$ 均衡点处出现精英农民工只发展组织

型社会资本而普通农民工则只发展个人型组织资本情况，而在 $\left(\dfrac{1}{1+t_1}, 0\right)$ 均衡

点，精英农民工只发展个人型社会资本，而普通农民工则只发展组织型组织资本。因此，从社会整体观察，就会出现不同阶层或类型的农民工社会资本发展

类型单一、结构同质化局面。虽然，模型鞍点均衡 $\left(\dfrac{b_{11}x_2 - b_{12}}{b_{13}(1+t_1)}, \dfrac{a_{11}x_1 - a_{12}}{a_{13}(1+t_2)}\right)$ 的

农民工采取混合侧策略，同时发展不同类型的社会资本，不同类型社会资本可

能平衡发展，但是鞍点均衡只是一种特殊的均衡，很不稳定，而且即使稳定存在，农民工社会资本发展也存在种类结构失衡，社会资本结构单一性出现也完全可能。由此推出结论5。

结论5：（1）国家政策、社会地位、物质资本及投资规模、人力资本与创业环境因素等五大因素叠加作用可能导致农民工社会资本发展类型结构单一，并引起农民工社会资本发展同质化；（2）在 $\left(0, \dfrac{1}{1+t_2}\right)$ 均衡点处出现组织型社会资本同质化，$\left(\dfrac{1}{1+t_1}, 0\right)$ 均衡点处出现个人型社会资本同质化，即亲友化。

四、返乡农民工社会资本功能问题演化规律

根据博弈模型，精英农民工社会资本预期均衡为 $E_j = E_{11} + E_{12} = \dfrac{(b_{11}x_2 - b_{12})w_j}{b_{13}(1+t_1)}$，普通农民工社会资本预期规模为 $E_p = E_{21} + E_{22} = \dfrac{(a_{11}x_1 - a_{12})w_p}{a_{13}(1+t_2)}$，不难发现，一是不论是精英农民工还是普通农民工，与城市居民相比，其物质财富等五大因素组合竞争力整体上处于劣势，因此其社会资本积累比城市居民少；二是精英农民工与普通农民工五大因素组合不会总是协调作用，使他们社会资本水平处于高水平，事实上 $a_{11}x_1 = a_{12}$、$b_{11}x_2 = b_{12}$ 双方社会资本为0，实际上是没有社会资本；三是稳态均衡 $\left(0, \dfrac{1}{1+t_2}\right)$ 和 $\left(\dfrac{1}{1+t_1}, 0\right)$ 的存在表明，精英农民工与普通农民工更有可能侧重于单一社会资本投资，导致社会资本结构单一缺失和社会资本竞争拥挤。农民工社会资本均衡积累、结构单一与类型缺失，在强化社会资本竞争的同时，也严重弱化社会资本创业功能。低均衡社会资本积累使农民工社会资本创业激励功能总量不足，创业培育动力不足，而社会资本结构缺失则导致社会资本创业功能不全，难以形成功能协同效应，导致社会资本创业激励效率低下，甚至会因为结构缺失产生创业失败。因此可以推出结论6。

结论6：（1）国家政策、社会地位、物质资本及投资规模、人力资本与创业环境因素等五大因素非对称影响农民工社会资本功能；（2）在 $\left(\dfrac{1}{1+t_1}, 0\right)$、

$\left(0, \dfrac{1}{1+t_2}\right)$ 和鞍点 $\left(\dfrac{b_{11}x_2-b_{12}}{b_{13}(1+t_1)}, \dfrac{a_{11}x_1-a_{12}}{a_{13}(1+t_2)}\right)$ 均衡点，社会资本功能不同；（3）农民工社会资本存在创业诸功能能力不足、功能缺失。

五、返乡农民工社会资本发展演化路径

返乡农民工社会资本竞争动力竞争系统存在 5 个均衡点、2 个稳定均衡点与 1 个鞍点，这使得精英农民工与普通农民工博弈路径演化十分复杂（见图 4-2）。精英农民工与普通农民工初始状态组合不同，创业个人型社会资本与组织型社会资本投资均衡路径不同。当双方初始状态组合在 ABO 区域内部与 OP_2、AB 两线段上时，社会资本竞争博弈均衡演化为 $A\left(0, \dfrac{1}{1+t_2}\right)$，即精英农民工只进行组织型社会资本投资而普通农民工只进行个人型社会资本投资，初始状态不同，演化路径不同。当双方初始状态组合在 BCO 区域内部与 OP_1、BC 两线段上时，社会资本竞争博弈均衡演化为 $C\left(\dfrac{1}{1+t_1}, 0\right)$，即精英农民工只进行个人型社会资本而普通农民工只进行组织型社会资本投资，而且随着初始状态的多样化，演化路径也多样化。当双方初始状态组合在 OB 线段上时，双方社会资本投资路径都在 OD 与 BD 上，精英农民工与普通农民工都同时进行个人型社会资本与组织型社会资本投资，社会资本投资演化均衡为 $D(P_1^*, P_2^*)$，但随着二者在 OB 线段上的初始状态不同，收敛于 $D(P_1^*, P_2^*)$ 均衡的路径长短也各不相同。因此，精英农民工与普通农民工社会资本投资制约因素发生变化时，$D(P_1^*, P_2^*)$ 就会发生变化，从而改变农民工个人型社会资本与组织型社会资本投资均衡路径。

（1）农民工物质资本 w_j、w_p 影响均衡路径。因为 $\dfrac{dp_1^*}{dw_j} = 0$、$\dfrac{dp_1^*}{dw_p} =$

$\dfrac{b_{13}\left(x_2\dfrac{db_{11}}{dw_p}-\dfrac{db_{12}}{dw_p}\right)-(b_{11}x_2-b_{12})\dfrac{db_{13}}{dw_p}}{b_{13}^2(1+t_1)}$，$b_{13}\left(x_2\dfrac{db_{11}}{dw_p}-\dfrac{db_{12}}{dw_p}\right)>(b_{11}x_2-b_{12})\dfrac{db_{13}}{dw_p}$ 时 P_1^* 随 $0\leq(1+t_1)P_1\leq1$ 递增，所以精英农民工初始物质资本增加不会影响自己个人型社会资本与组织型社会资本投资，但会抑制普通农民工经济资本投资和增加其

社会资本投资。$\dfrac{dp_2^*}{dw_j} = \dfrac{a_{13}(x_2\dfrac{da_{11}}{dw_j} - \dfrac{da_{12}}{dw_j}) - (a_{11}x_2 - a_{12})\dfrac{da_{13}}{dw}}{a_{13}^2(1+t_1)}$、$\dfrac{dp_2^*}{dw_p} = 0$，因此普通农

民工初始财富增长不影响自己个人型社会
资本与组织型社会资本投资，但会降低精
英农民工个人型社会资本投资和增加其组
织型社会资本投资。所以精英农民工与普
通农民工初始物质资本增加会降低对方个
人型社会资本投资、促进对方组织型社会
资本投资，这使鞍点 $D(P_1^*，P_2^*)$ 向左向
下移动（见图4-2），其结果一是返乡农民
工越富裕，返乡创业社会关系投资越高，
这是中国农村社会关系投资增长的重要原

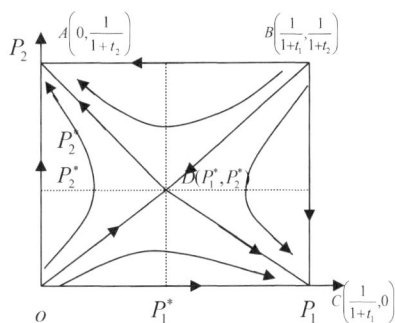

图4-2　农民工社会资本
投资博弈动态路径

因，也是返乡创业农民工组织型社会资本增加原因；二是 $ABDO$ 面积增加，农

民工个人型社会投资均衡收敛于 $A\left(0，\dfrac{1}{1+t_2}\right)$ 的概率增加，更多路径转向稳定

点 $A\left(0，\dfrac{1}{1+t_2}\right)$，而趋向于稳定点 $C\left(\dfrac{1}{1+t_1}，0\right)$ 的概率降低、路径减少，导致精

英农民工投资组织型社会资本概率增加而普通农民工个人型社会资本投资概率
增加，农民工创业投资路径进一步阶层分化，两类农民工组织社会资本积累发
生分化。由此有结论7。

结论7：精英农民工或普通农民工任意一方初始物质资本增长不会影响自
己个人型社会资本投资路径选择，但将增加另一方个人型社会资本投资路径选
择偏好和降低另一方个人型社会资本投资创业路径选择偏好，随着农民工物质
资本增长，不同类型农民工社会资本投资路径发生阶层分化的同时，将普遍强
化组织型社会资本积累。

（2）农民工个人型社会资本投资规模 x_1、x_2 影响均衡路径。$\dfrac{dp_1^*}{dx_1} = 0$、$b_{13}b_{11}$

$$> (b_{11}x_2 - b_{12}) \frac{db_{13}}{dx_2} \text{时} \frac{dp_1^*}{dx_2} = \frac{b_{13}b_{11} - (b_{11}x_2 - b_{12})\frac{db_{13}}{dx_2}}{b_{13}^2(1+t_1)}, \quad a_{13}a_{11} > (a_{11}x_1 - a_{12})\frac{da_{13}}{dx_1} \text{时} \frac{dp_2^*}{dx_1} =$$

$$\frac{a_{13}a_{11} - (a_{11}x_1 - a_{12})\frac{da_{13}}{dx_1}}{a_{13}^2(1+t_1)}, \frac{dp_2^*}{dx_2} = 0, \text{可见精英农民工个人型社会资本投资增长不}$$

影响自己个人型社会资本,却在 $b_{13}b_{11} > (b_{11}x_2 - b_{12})\frac{db_{13}}{dx_2}$ 条件下使普通农民工个

人型社会资本投资概率增加而组织型社会资本投资概率降低,而普通农民个人型社会资本投资增长不影响自己个人型社会资本,在 $a_{13}a_{11} > (a_{11}x_1 - a_{12})\frac{da_{13}}{dx_1}$ 条件下却使精英农民工个人型社会资本投资增加组织型社会资本投资减少。二者博弈导致 D (P_1^*, P_2^*) 向右上方移动(见图 4-3),$ABDO$ 区域面积减少,$BDOC$ 面积增加,农民工社会投资均衡收敛于 $A\left(0, \frac{1}{1+t_2}\right)$ 的

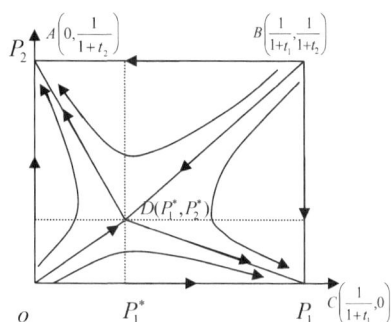

图 4-3　农民工物质资本增加的博弈动态路径

概率降低、趋向于稳定点 $C\left(\frac{1}{1+t_1}, 0\right)$ 的概率增加,更多路径转向稳定点 C $\left(\frac{1}{1+t_1}, 0\right)$,而趋向于稳定点 $A\left(0, \frac{1}{1+t_2}\right)$ 的概率降低,导致普通农民工投资组织社会资本概率增加而精英农民工个人型社会资本投资概率增加,农民工社会投资路径阶层分化加剧。由此推出结论8。

结论8:返乡农民工一方创业个人型社会资本投资规模增加,另一方农民工有条件偏好组织型社会资本投资路径,组织型社会资本积累有条件增加并导致社会资本规模积累不平衡、社会资本阶层结构与个体结构扭曲,社会资本竞争发展问题恶化。

(3)农民工个人型社会资本投资与组织型社会资本投资五大影响因素,通

过边际收益边际成本因素 γ_{11}、γ_{12}、γ_{21}、γ_{22}、c_{11}、c_{12}、c_{21}、c_{22}影响均衡路径。由于$\dfrac{\partial P_1^*}{\partial \gamma_{11}} = \dfrac{\partial P_1^*}{\partial \gamma_{12}} = \dfrac{\partial P_1^*}{\partial c_{11}} = \dfrac{\partial P_1^*}{\partial c_{12}} = 0$、

$\dfrac{\partial P_1^*}{\partial \gamma_{21}}>0$、$\dfrac{\partial P_1^*}{\partial \gamma_{22}}>0$、$\dfrac{\partial P_1^*}{\partial c_{21}}<0$、$\dfrac{\partial P_1^*}{\partial c_{22}}<0$，所以精英农民工个人型社会资本与组织型社会资本投资边际收入与边际成本不会影响自己个人型社会资本与组织型社会资本投资概率，但普通农民工个人型社会资本与组织型社会资本投资边际收

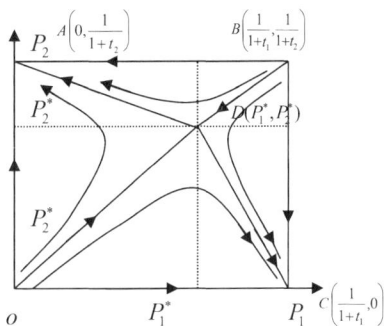

图 4-4 农民社会资本投资规模增加的博弈动态路径

益与边际成本影响精英农民工个人型社会资本与组织型社会资本投资概率，从而影响精英农民工组织型社会资本与个人型社会资本投资路径偏好。γ_{21}、c_{22}的个人型社会资本投资偏好作用效应大于γ_{22}、c_{21}个人型社会资本抑制效应时，精英农民工个人型社会资本投资概率增加而组织型社会资本投资概率下降，其创业偏好个人型社会资本投资路径。由于$\dfrac{\partial P_2^*}{\partial \gamma_{21}} = \dfrac{2P_2^*}{\partial \gamma_{22}} = \dfrac{\partial P_2^*}{\partial c_{21}} = \dfrac{\partial P_2^*}{\partial c_{22}} = 0$、$\dfrac{\partial P_2^*}{\partial \gamma_{11}}>$

0、$\dfrac{\partial P_2^*}{\partial \gamma_{12}}<0$、$\dfrac{\partial P_2^*}{\partial c_{11}}<0$、$\dfrac{\partial P_2^*}{\partial c_{12}}>0$，所以普通农民工创业投资边际收益与边际成本不影响自身社会投资路径偏好，但精英农民工创业个人型社会资本投资边际收益与组织型社会资本投资边际成本因素促进普通农民工个人型社会资本投资概率增长，个人型社会资本投资边际成本与组织型社会资本投资边际收益因素降低普通农民工个人型社会资本投资概率，普通农民工社会投资路径选择变化最终取决于个人型社会资本与组织型社会资本边际收入与边际成本净效应。当精英农民工与普通农民工边际收益与边际成本因素作用效应使P_1^*增加P_2^*减少时，$D(P_1^*, P_2^*)$向右下角偏离，$ABDO$区域面积增加$BDOC$区域面积减少（见图4-5），双方博弈趋向$A\left(0, \dfrac{1}{1+t_2}\right)$稳定点概率增加而趋向$C\left(\dfrac{1}{1+t_1}, 0\right)$稳定点概率减少，精英农民工偏好选择组织型社会资本投资路径而普通农民工偏好个人型社会资本投资路径。所以有如下结论9。

结论9：精英农民工与普通农民工个人型社会资本与组织型社会资本投资边际收益与边际成本因素非对称影响双方社会资本发展问题研究路径选择，农民工组织型社会资本投资与个人型社会资本投资路径选择具有多样性与差异性，并可能使精英农民工与普通农民工社会资本发展固定在低水平、结构单一、分配失衡的发展路径，出现发展路径依赖刚性。

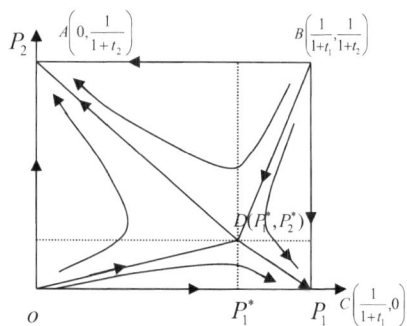

图4-5　农民工社会资本边际收益与成本作用下的博弈动态路径

同样，根据表4-5，精英农民工与普通农民工社会资本发展其他因素不对称地影响博弈对方的投资选择，因而也不对称影响社会资本竞争均衡路径，为简单起见，这里不深入讨论。

当然，返乡农民工社会资本发展问题演化还受在乡农民影响。在乡农民主要从三方面影响精英农民工与普通农民工社会资本发展博弈。一是在乡农民创业直接与返乡农民工进行创业博弈竞争，限制了返乡农民工创业空间，增加了返乡创业风险和降低创业成功可能性，进而影响返乡农民工社会资本竞争发展。二是在乡农民给与自己保持良好社会关系的返乡农民工提供社会资本乃至经济资本帮助，甚至与返乡农民工一起合作创业，对返乡农民工社会资本竞争产生积极影响，改变精英农民工与普通农民工社会资本竞争优势关系，影响组织型社会资本与个人型资本投资策略与路径选择。三是在乡农民生产产品与服务消费，为返乡创业提供了创业原材料与市场需求，推动返乡农民工创业发展成功，为返乡农民工社会资本发展提供经济支持，分散竞争风险。与政府一样，在乡农民的博弈竞争，对农民工返乡社会资本竞争既有积极效应又有消极效应，而且精英农民工与普通农民工受到的积极与消极影响是不对称的，通常而言，普通农民工受到的消极影响要大一些，在社会资本发展竞争中处于相对弱势地位。

第五节　小　结

返乡农民工社会资本问题发展是复杂而激烈的博弈竞争过程，这一博弈过程受国家政策、社会地位、物质资本及投资规模、人力资本与创业环境等五大因素作用，五大因素主要通过个人型社会资本与组织型社会资本投资边际收益与边际成本、个人型社会资本与组织型社会资本投资竞争拥挤等因素的非对称影响博弈过程。因众多因素制约，精英农民工与普通农民工博弈时会结合自身条件、对方博弈策略、政府政策与在乡农民创业情况，相机进行个人型社会资本与组织型社会资本投资，以赢得社会资本竞争。但双方相机博弈策略互动，使个人型社会资本投资与组织型社会资本问题不断发展演化，形成个人型社会资本与组织型社会资本投资发展双稳定均衡与单鞍点均衡组成的多稳定均衡博弈关系。在双稳定均衡关系中，一种稳定均衡策略是精英农民工只投资个人型社会资本而普通农民工只投资组织型社会资本，另一稳定均衡策略是精英农民工只投资组织型社会资本而普通农民工只投资个人型社会资本，这导致社会资本策略刚性、社会资本积累总量不足、社会资本规模占有个体分化、家庭分化、阶层分化与代际分化、社会结构单一同质化和某一社会资本发展缺失、社会创业功能缺失等问题；单鞍点均衡关系中，精英农民工与普通农民工采取同时投资个人型社会资本与组织型社会资本的混合平衡策略，但也可能出现社会资本策略刚性、社会资本积累总量不足、社会资本规模占有个体分化、家庭分化、阶层分化与代际分化、社会结构单一高度同质化、社会资本发展空间封闭、社会资本发展缺失而使社会资本创业推动能力不强、创业风险分散功能不足等问题，并导致鞍点社会资本发展出现路径畸形与路径依赖，导致严重的路径扭曲固化问题。众多作用因素不仅非对称影响精英农民工与普通农民工个人型社会资本与组织型社会资本投资均衡策略、投资均衡水平、均衡变化方向与速度，而且影响精英农民工与普通农民工个人型社会资本与组织型社会资本投资路径选择，导致精英农民工与普通农民工个人型社会资本与组织型社会资本具有多均衡性、多样性、多路径性、非对称性、初态依赖性与阶层分化性，并呈现出复杂社会资本竞争多均衡封闭显现、路径刚性，这是农民工社会资本问题演化发展的内在原因。

第五章 农民工返乡创业的社会资本 影响因素实证研究

第一节 样本数据

为了实证研究返乡农民工创业社会资本影响因素，特意设计调查问卷，对湖南永兴返乡农民进行问卷调查，涉及返乡创业农民工性别、年龄、婚姻、家庭、就业、创业与社会资本等 37 个方面的信息，进行调查。调查问卷采用随机发放调查问卷方式，从 2015 年 12 月至 2016 年 3 月，总共发调查问卷 600 份，得到有效问卷 482 份。样本年龄 17～64 岁，其中男性 293 份，占样本 60.8%，女性样本 189 份，占样本 39.2%。男性年龄最小 20 岁，最大 62 岁，20～54 岁农民工占样本 92.5%；女性 20～54 岁占样本 91.81%，17～19 岁与 55～64 样本占 8.19%。男性样本中，小学文化占 6.48%，初中文化水平占 38.57%，高中文化占 38.23%，大专及以上文化占 16.72%。女性样本中，小学文化占 5.3%，初中文化占 39.68%，高中文化占 27.51%，大专及以上文化占 27.51%。样本调查数据具有较高可靠性。

调查问卷中，返乡创业农民工社会资本状况信息采用农民工社会资本主观感受、策略与占有三方面描述。农民工主观感受主要描述返乡创业农民工社会资本自我感受的满意性与稀缺性，具体用"对社会资本的满意程度"两级变量指标描述，社会资本稀缺性用"创业最稀缺的社会资本"五级指标描述。农民工社会资本策略用"社会资本应用策略"五级指标描述。"是否享有创业优惠政策"用五级指标描述社会资本竞争优势状况。农民工社会资本占有主要从社会资本具体类型展开描述，分别用"亲朋资源""打工从事的行业数""是否参加创业培训"三个五级指标描述个人型社会资本，用"创业组织帮助""参加社团组织数""政府提供公共服务平台"三个五级指标描述组织型社会资本。返乡创业社会资本发展决定因素采用性别、年龄、婚姻状况描述个人社会资本个性影响因素，"是否担任管理岗位""是否有公务员亲友""与亲朋联系的紧密程度"三个五级指标变量描述农民工社会地位因素，用"文化水平""外出务工年限"与"是否参加技能培训"三个指标描述农民工人力资本因素，用"家庭年收入"五级指标描述农民工物质资本因素，用"打工行业""打工地区"两个五级指标描述农民工创业环境因素，用"政府的扶持力度"五级指标描述农民工社会资本影响的政策因素。

第二节　实证模型

由于调查数据是离散截面数据，常用的计量经济学回归模型有 Probit 模型技术和 Logistic 模型技术，这两者基本原理、模型形式、技术路径和变量解释没有本质差别，而且因为 Logistic 模型具有效应最大化和极限值的逻辑内涵，更符合农民工创业的投入—产出价值约束与成长逻辑过程，因此这里采用 Logistic 模型。

Logistic 模型的主要原理是样本个体行为具有某种离散特征，行为的概率分布函数为：

$$F(t) = \frac{1}{1 + e^{-t}} \tag{1}$$

核密度函数为：

$$f(t) = \frac{e^{-t}}{(1 + e^{-t})^2} = F(t)(1 - F(t)) \tag{2}$$

对于行为事件，$Y_i = \alpha + X_i\beta + \varepsilon_t$，其中 Y_i 为观测值取 1 或 0 的决策被解释变量，X_i 为解释变量，ε_i 为随机变量且有 $E(\varepsilon_i) = 0$，所以有 $E(Y_i) = \alpha + X_i\beta$。

由于 Y_i 服从概率密度函数为 $f(t) = \frac{e^{-t}}{(1 + e^{-t})^2} = F(t)(1 - F(t))$ 随机分布，则有：

$$P(Y_i = 1) = 1 - F(-X_i\beta) = F(X_i\beta) \tag{3}$$

当观测值可重复时，$P(Y_i = 1) = 1 - F(-X_i\beta) = F(X_i\beta)$ 的真实概率估计函数

可以写为：

$$P(Y_i = 1) = F(X_i\beta) + \delta_i \tag{4}$$

其中 $E(\delta_i) = 0$，$Var(\delta_i) = \dfrac{F(X_{i\beta})(1 - F(X_i\beta))}{n_i}$，$n_i$ 为样本决策者重复观测次数。

由此可以推出：

$$\ln \frac{p_i}{1 - p_i} = \ln e^{\alpha + X, \beta} + \gamma_i = \alpha + X_i\beta + \gamma_i \tag{5}$$

当受到多因素作用时，$\ln \dfrac{p_i}{1-p_i} = \ln e^{\alpha + X\beta} + \gamma_i = \alpha + X_i\beta + \gamma_i$ 可以改写为：

$$\ln \frac{p}{1 - p} = \ln e^{\alpha + X\beta} + \gamma = \alpha + X\beta + \gamma \tag{6}$$

其中 p 为行为事件 $Y = 1$ 出现的概率，$Y = 0$ 概率为 $1-p$，X 为决定因素向量，γ 为随机向量。

根据方程(6)原理和前面的理论分析，我们对返乡创业农民工社会资本行为建立不同的 Logistic 回归模型。一是建立社会资本自我满意度方程，目的是找到返乡创业农民工社会资本心理感知与识别的决定变化规律；二是建立社会资本竞争稀缺性方程，主要考察返乡创业农民工社会资本竞争获得性决定行为规律；三是建立返乡创业农民工社会资本策略行为方程，主要是捕捉返乡创业农民工社会资本策略行动规律；四是返乡创业农民工具体社会资本发展积累规律模型，主要寻找返乡创业农民工不同类型社会资本积累发展决定因素及其贡献，具体来说分为个人亲友型、同事型和学习型三类个人型社会资本和创业组织型、社团组织型和政府型三类组织型社会资本决定变化规律。模型自变量是返乡创业农民工个性影响因素、物质资本因素、人力资本因素、创业环境因素和政策因素，其中 X_1 表示性别，X_2 表示年龄，X_4 表示婚姻状况，三个变量是农民工个性因素决定变量；X_3 表示文化水平，X_6 表示外出务工年限，X_{11} 表示参加技能培训情况，三个因素为人力资本决定因素变量；X_9 表示是否有公务员亲友，X_{10} 表示亲友关系紧密程度，X_{12} 表示担任管理岗位情况，三个变量为社会地位决定因素变量；X_5 表示兄弟姐妹数，X_7 表示打工行业类型，X_8 表示打工地类型，为农民工创业环境影响因素变量；X_{13} 表示政府扶持力度，是政策决定因素变量。社会资本自我满意度方程被解释变量用 Y_1 表示，社会资本竞争稀缺性方程被解释变量用 Y_2 表示，社会资本策略行为方程别解释变量用 Y_3 表示，个人亲友型、同事型和学习型三类个人型社会资本和创业组织型、社团组织型和政府型三类组织型社会资本决定方程被解释变量分别用 Y_4、Y_5、Y_6 和 Y_7、Y_8、Y_9 表示。为了得到回归结果，我们采用 Eviews7 软件对下面具体方程进行回归分析：

$$\ln \frac{p_1}{1-p_1} = \ln e^{\alpha_l + \sum_{j=1}^{13} X_j \beta_j} + \gamma_l = \alpha_l + \sum_{j=1}^{13} X_j \beta_j + \gamma_l \quad (7)$$

其中 $l = 1$，2，3，4，5，6，7，8，9。

第三节 实证结果

采用 Eviews 软件，得到表 5-1 输出结果。根据表 5-1 信息，返乡创业农民工社会资本自我满意度的个人特征因素、人力资本因素、社会地位因素、创业环境因素与政策因素的作用是不对称的。三大个性因素中，男性相对女性会降低自我社会资本满意度，年龄增长会增加社会资本满意度，婚姻则降低社会资本自我满意度。具体来说，单位性别增长变化会使农民工社会资本自我满意度降低 0.3628929 单位，男性满意度低于女性满意度。年龄增长一单位，农民工社会资本满意度可能性相对不满意度的人就增加 0.0336712 单位，但结婚降低了农民工的社会资本自满意度。可见，个性因素不同，农民工社会资本自我满意度就不同。

表 5-1 返乡创业农民工社会资本自我满意度

Variable	Coef.	Std. Err.	z	P>|z|	[95% Conf. Interval]	
x_1	-.3628929	.2228475	-1.63	0.103	-.799666	.0738801
x_2	.0336712	.0145691	2.31	0.021	.0051162	.0622262
x_3	.1318955	.1371526	0.96	0.336	-.1369187	.4007097
x_4	-.2115079	.392281	-0.54	0.590	-.9803645	.5573487
x_5	-.0601161	.1046766	-0.57	0.566	-.2652785	.1450463

续表

Variable	Coef.	Std. Err.	z	P>|z|	[95% Conf. Interval]	
x_6	−.0570923	.0944725	−0.60	0.546	−.242255	.1280703
x_7	.1120418	.0763616	1.47	0.142	−.0376243	.2617079
x_8	−.0637731	.0829449	−0.77	0.442	−.2263422	.0987959
x_9	.1306178	.2364965	0.55	0.581	−.3329068	.5941424
x_{10}	.7208169	.1880697	3.83	0.000	.352207	1.089427
x_{11}	.6100584	.2636072	2.31	0.021	.0933979	1.126719
x_{12}	.0227173	.2651819	0.09	0.932	−.4970298	.5424643
x_{13}	.4873328	.1213928	4.01	0.000	.2494073	.7252582
cons	−3.891317	1.056255	−3.68	0.000	−5.961539	−1.821095

LR chi2(13)=68.05　Prob>chi2=0.0000　Log likelihood=−268.69569　Pseudo R2=0.1124

（1）人力资本因素对农民工社会资本满意度影响复杂。文化水平对社会资本自我满足有促进作用，单位文化水平增长将导致满意度相对提高 0.1318955 单位。务工年限每增加一年，返乡农民工社会资本满意度相对下降 0.0570923 单位。参加技术培训的社会资本满意度可能性是不满意可能性的 $e^{0.6100584}$ 倍，单位技术培训将增加相对社会资本满意度 0.6100584 单位。人力资本对返乡农民工社会资本自我满意度的综合影响，既取决于三大人力资本因素的大小，也取决于三大人力资本因素的变化方向。

（2）社会地位的增长将提高农民工社会资本自我满意度。拥有公务员亲友的返乡农民工选择社会资本自我满意可能性是选择不满意的 $e^{0.1306178}$ 倍，即每加一单位 X_9，将使 Y_1 增加 0.1306178 单位。与亲友关系越密切，农民工社会资本自我满意度就业越高，X_{10} 每增加一单位，Y_1 就增加 0.7208169 单位。农民工打工时担任过管理岗位的，选择社会资本自我满意度的概率就越大，是选择不满意的 $e^{0.0227173}$ 倍，即 X_{12} 每增加一单位，Y_1 就增加 0.0227173 单位。

（3）农民工不同创业因素非对称影响社会资本自我满意度。回归发现，家庭兄弟姐妹数越多，可能的负担与照顾会增加，因而社会资本自我满意度就越低，X_5 增加一单位，将使 Y_1 降低 0.0601161 单位。从事种植业的农民工社会资本满意度比从事制造业、建筑业、餐饮业和商业的农民工满意度要低，而且每增加一单位，将使 Y_1 增加 0.1120418 单位。但打工地不同，社会资本满意度不同，京津冀地区打工农民工社会资本自我满意度高，而长三角大工地农民工次之，珠三角农民工再次之，西部地区打工会更低，其他地区农民工满意度最低。因此，越是发达地区打工的农民工，社会资本自我满意度就越高。

（4）政府政策扶持力度越大，返乡创业农民工社会资本自我满意度就越高。政府政策扶持力度每增加一单位，农民工社会资本自我满意度就增加 0.4873328，即 X_{13} 增加一单位，将使 Y_1 增加 0.4873328 单位。

表 5-2　　返乡创业农民工社会资本竞争稀缺性

Variable	Coef.	Std. Err.	z	P>|z|	[95% Conf. Interval]	
x_1	-.0693729	.290883	-0.24	0.812	-.6394932	.5007474
x_2	-.0256331	.0197054	-1.30	0.193	-.0642551	.0129888
x_3	.4338166	.1784833	2.43	0.015	.0839958	.7836374
x_4	-.3135779	.4851354	-0.65	0.518	-1.264426	.63727
x_5	-.0436736	.1422841	-0.31	0.759	-.3225452	.235198
x_6	-.3611746	.1296447	-2.79	0.005	-.6152735	-.1070757
x_7	-.0976799	.1002131	-0.97	0.330	-.294094	.0987341
x_8	-.4688069	.1113298	-4.21	0.000	-.6870093	-.2506045
x_9	-1.256689	.3325026	-3.78	0.000	-1.908382	-.6049961
x_{10}	.1914093	.2590167	0.74	0.460	-.3162541	.6990727
x_{11}	.3654941	.3495678	1.05	0.296	-.3196463	1.050634
x_{12}	-.1549517	.3499041	-0.44	0.658	-.840751	.5308477
x_{13}	-.1073847	.1600909	-0.67	0.502	-.421157	.2063877
_ cons	2.281002	1.300527	1.75	0.079	-.2679848	4.829988

Number of obs = 482　　LR chi2(39) = 143.73　　Prob>chi2 = 0.0000
Log likelihood = -462.73373　　Pseudo R2 = 0.1344

根据表 5-2 信息，返乡创业农民工社会资本竞争稀缺性受个人特征因素、人力资本因素、社会地位因素、创业环境因素与政策因素不对称影响。与社会资本自我满意度相似，单位性别增长变化会使农民工社会资本竞争稀缺性降低0.0693729单位，男性社会资本竞争稀缺性低于女性社会资本竞争稀缺性，这符合中国社会男女社会竞争实际情况，因为中国是男性主导社会，特别是在农村，男性竞争优势地位明显。年龄和婚姻因素与性别因素一样，都会降低社会资本竞争稀缺性，年龄增长一单位，农民工社会资本竞争稀缺可能性就降低0.0256331单位，结婚降低了农民工的社会资本竞争稀缺可能性，降低0.3135779。可见，三大个性因素，不同程度地影响农民工社会资本竞争稀缺可能性，而且男性、年长者与结婚者，社会资本稀缺性就越低。

(5)人力资本因素从三方面影响农民工社会资本竞争稀缺性。一是文化水平增长增加农民工社会资本竞争稀缺性，单位文化水平增长将导致农民工社会资本竞争稀缺性相对增加0.4338166单位，这可能是文化水平越高，需要的社会资本越大，导致相对短缺增加。二是务工年限增长降低农民工社会资本竞争稀缺性，务工每增加一年，返乡农民工社会资本竞争稀缺性相对下降0.3611746单位，这可能是务工年限越长，人际关系就越多，社会资本竞争稀缺性就下降。三是技术培训对农民工竞争稀缺性的影响与文化教育作用方向一致，都是增加社会资本竞争稀缺性。单位技术培训将增加相对社会资本竞争稀缺性0.3654941单位。由于不同农民工文化教育、务工年限与培训不同，人力资本对返乡农民工社会资本竞争稀缺性的影响就不同，从而导致返乡创业农民工社会资本竞争稀缺性发生竞争分化，分化程度取决于农民工之间人力资本组合关系与变化方向。

(6)社会地位对农民工社会资本竞争稀缺性影响复杂。一方面，农民工拥有公务员亲友变量因素降低返乡农民工竞争稀缺性，X_9增加一单位，将使社会资本竞争稀缺性Y_2降低1.256689单位，社会资本竞争稀缺性降低效应明显，这符合中国关系型社会的基本特征。同样，如果自己担任过管理岗位，社会资本竞争稀缺性也会下降，农民工打工担任过管理岗位变量X_{12}每增加一单位，社会资本竞争稀缺性Y_2降低0.1549517单位。但另一方面，农民工与亲友关系越密切，社会资本竞争稀缺性Y_2就越低，亲友关系变量X_{10}每增加一单位，社会资本竞争稀缺性Y_2就增加0.1914093单位。最后，农民工社会资本竞争稀缺性就取决于增长力量与下降力量的冲销效应。

（7）农民工三大创业因素非对称影响社会资本竞争稀缺性。家庭兄弟姐妹数越多，社会资本竞争稀缺性 Y_2 就越低，X_5 增加一单位，将使 Y_2 降低 0.0436736 单位。从事种植业的农民工社会资本竞争稀缺性比从事制造业、建筑业、餐饮业和商业的农民工社会资本竞争稀缺性要高，而且 X_7 每增加一单位，将使 Y_2 降低 0.0976799 单位，因为从事制造业、建筑业与商业、服务业的农民工，比从事种植业等农业的农民工，社会资本更丰富，这符合人们社会经验观察。但打工地因素变量的影响似乎与我们预期的不一样，回归结果发现，京津冀地区打工农民工社会资本竞争稀缺性最高，而长三角大工地农民工次之，珠三角农民工再次之，西部地区打工会更低，其他地区农民工社会资本竞争稀缺性最低。这看似不合理，但对于湖南永兴农民工而言，却符合逻辑，因为越是在发达地区打工，离家乡就越远，打工同事关系就越难以使用，而且与家乡关系就越少，所以返乡创业时所能利用的社会关系就越少，社会资本竞争稀缺性就越高。

政府政策扶持变量对返乡农民工社会资本竞争稀缺性的影响与预期一致。政府政策扶持力度越大，返乡创业农民工社会资本竞争稀缺性 Y_2 就越低。政府政策扶持变量 X_{13} 每增加一单位，农民工社会资本竞争稀缺性 Y_2 就降低 0.1073847。

表 5-3　农民工社会资本发展策略相对于积累选择概率变化

解释变量	变化方向	农民工社会资本发展策略选择概率相对积累策略概率的变化方向与程度			
		借用相对积累	联合相对积累	继承相对积累	其他相对积累
X_1	增加	0.3380	−0.3014	−1.0975	0.4923
X_2	增加	0.0007	−0.0153	0.0621	−0.0074
X_3	增加	0.2134	−0.6469	−0.3494	−0.0218
X_4	增加	0.8922	0.2764	0.5124	1.3336
X_5	增加	−0.0975	0.1892	−0.1841	0.5775
X_6	增加	0.0219	−0.0413	−0.0701	0.5161
X_7	增加	−0.0137	0.1241	0.2593	−0.0668
X_8	增加	0.6135	0.0503	0.1272	0.0921

续表

解释变量	变化方向	农民工社会资本发展策略选择概率相对积累策略概率的变化方向与程度			
		借用相对积累	联合相对积累	继承相对积累	其他相对积累
X_9	增加	-0.8502	-0.5651	-0.1687	-0.5554
X_{10}	增加	0.6390	-0.4803	0.4771	0.3960
X_{11}	增加	-0.4572	0.9999	1.1937	-0.4889
X_{12}	增加	-0.9290	-0.2619	-0.4195	-0.6341
X_{13}	增加	-0.4245	-0.2405	0.0809	-0.2827

前面的理论推导表明，返乡创业农民工创业社会资本发展策略组合是多样化与不平衡发展的，这为表5-3的回归所证实。根据表5-3信息，返乡创业农民工社会资本行为策略由个人特征因素、人力资本因素、社会地位因素、创业环境因素与政策因素不对称决定，而且以自我积累策略为参照，农民工社会资本借用、联合、继承与其他四大策略即使在同一因素作用下，变化也是不同的，鉴于个体农民工个人特征因素、人力资本因素、社会地位因素、创业环境因素与政策因素的差异，农民工社会资本发展策略实际是不同的，呈现多样化发展格局。具体来说，男性农民工社会资本倾向于使用借用和其他策略。年龄增长会增加借用与继承策略概率，降低联合与其他策略相对概率，单位年龄增长会使借用与继承分别增长 0.0007 和 0.0621，使联合和其他策略降低 0.0153 和 0.0074，不同策略概率不仅变化的方向不一样，而且变化的强度也不一样。但婚姻变量则不一样，结婚则普遍但不同程度地提高了借用、联合、继承与其他四大策略使用概率，降低了积累策略使用可能性。

（8）人力资本三因素不平衡影响农民工社会资本发展策略。一是文化水平增长增加农民工借用策略使用概率而降低联合、继承与其他策略使用概率，单位文化水平增长将使农民工社会资本发展借用策略相对增加 0.2134 单位，使联合、继承和其他策略分别降低 0.6469、0.3494 和 0.0218 个单位。二是务工年限增长分别增加农民工社会资本借用和其他策略使用概率而降低联合与继承策略使用概率，务工每增加一年，返乡农民工社会资本策略相对概率分别变化 0.0219、-0.0413、-0.0701 和 0.5161 单位，随着务工年限延长，农民工社会资本发展策略就越分化。三是技术培训降低了借用和其他策略使用概率而增加联合、继承策略使用概率，单位技术培训产生的策略调整效应分别为 -0.4572、0.9999、1.1937、-0.4889 单位。由于农民工文化教育、务工年限与培训不同，人力资本对返乡农民工社会资本策略的非对称影响，返乡创业农民工社会资本策略选择必将发生竞争分化。

（10）社会地位从三方面影响农民工社会资本发展策略选择。一是农民工拥有公务员亲友因素降低返乡农民工借用、联合、继承与其他策略选择概率，X_9 增加一单位，四大策略分别降低 0.8502、0.5651、0.1687 和 0.5554 单位。二是亲友关系紧密增加将增加借用、继承与其他策略使用概率，每单位的作用效应分别为 0.6390、0.4771 与 0.3960 单位，同时联合策略概率相对下降 0.4803。三是担任管理岗位因素单位变化将使借用、联合、继承与其他策略概率分别下降 0.9290、0.2619、0.4195、0.6341，而自我积累策略概率增长。

（11）创业因素对农民工社会资本发展策略选择的影响主要表现在三个方面。首先，家庭兄弟姐妹数越多，社会资本借用与继承策略概率就越少而联合与其他策略概率就越大，X_5 增加一单位，将使借用、联合、继承与其他概率相对变化 -0.0975、0.1892、-0.1841、0.5775 单位。其次打工行业变量将降低借用与其他策略概率，增加联合与继承概率，从事种植业的农民工社会资本发展比从事制造业、建筑业、餐饮业和商业的农民工更愿意使用借用与其他策略，每增加一单位，借用、联合、继承与其他策略将变化 -0.0137、0.1241、0.2593、-0.0668 单位。最后打工地因素变量的影响效应使离家越近的农民工，积累策略使用概率就越大而借用、联合、继承与其他策略使用概率就越低，京津冀地区打工农民工社会资本积累概率最低，而长三角打工地农民工次之，珠三角农民工再次之，西部地区打工会更低，其他地区农民工社会资本竞争稀缺性最高，但是不同地区打工的农民工借用、联合、继承与其他策略概率随打工地变量变化边际效应不相等。

政府政策扶持变量的作用效应政策扶持力度越大，返乡农民工社会资本，返乡创业农民工社会资本发展借用、联合与其他策略使用概率就越低，而继承策略使用概率相对增加，单位政策变量增加一单位，农民工借用、联合、继承与其他策略相对积累策略的使用概率分别变化 -0.4245、-0.2405、0.0809、

-0.2827个单位。

表5-4　返乡农民工不同类型社会资本占有回归结果

解释变量	Y_4	Y_5	Y_6	Y_7	Y_8	Y_9
X_1	-0.5027	0.2409**	0.3431**	-0.1913***	-0.2740***	-0.3089**
X_2	0.0038**	-0.0010***	-0.0514***	-0.1420***	-0.0055***	0.0335**
X_3	0.2274	0.1422**	-0.5337	0.4413	0.1034	0.7083
X_4	-0.5644	1.4145	0.4562	1.1810	-0.5602	-0.0209***
X_5	0.1851	0.5200	-0.1809	0.3182*	-0.0409*	-0.3335
X_6	0.3266	0.5607	0.0496	-0.5463	0.2527	-0.2319
X_7	0.1789	-0.1444	-0.3329	-0.0641**	0.0980*	0.2643
X_8	0.1996	-0.1719	-0.2049	-0.4977	-0.0482**	-0.7308
X_9	0.7609	-0.6461	-0.5459	0.7981	0.5668	-1.127
X_{10}	0.2737	-0.2923	-0.5786	-0.5049	0.8249	0.5130*
X_{11}	-0.2368**	0.3609	0.7868	2.2831	-0.4357	-0.5987*
X_{12}	-0.9513	-0.0317***	-0.3224***	0.2245**	0.3596*	0.5742
X_{13}	0.1736	-0.3056	0.5648	0.3281	-0.3474	1.1810**
常数	3.4268	-0.9097	4.3599	-1.1796**	0.3866	-5.1324
Number	482	482	482	482	482	482
*LR Chi*2	123.23	203.70	223.96	222.45	75.31	219.67
*Prob>Chi*2	0.0000	0.0000	0.0000	0.0000	0.0000	0.0000
*Pseudo R*2	0.0980	0.1435	0.1596	0.3390	0.0788	0.1515

　　注：表中没有标注"*"的表示显著性在10%以内，"**"表示显著性为10%～15%，"***"表明显著性大于15%小于50%，"****"表示显著性很低。

　　正如理论模型分析的那样，返乡创业农民工社会资本占有规模与组合结构是多样的与个体分化的，而且由不同因素非对称驱动，各类因素对不同社会资本规模的边际贡献与变化方向是非对称的，见表5-4。

　　个性因素中的性别因素将降低亲友型社会资本、创业组织型和政府型社会资本的规模，却增加农民工个人同事型、个人学习型社会资本可能性。随着年龄增长，返乡创业农民工个人亲友型政府型社会资本将增加，年龄每增长一单位，个人亲友型与政府型社会资本将增加 0.0038 和 0.0335 单位，而农民工个人同事型、学习型、创业组织型、社团型四类社会资本将降低 0.0010、0.0514、0.1420、0.0055 个单位，其中创业型社会资本下降更快。婚姻因素将使农民工亲友型、社团型和政府型社会资本降低，其中亲友型社会资本下降最快，同时同事型、学习型和创业组织型社会资本增长，个人同事型社会资本增长速度最快而学习型社会资本增长最慢，但婚姻的变化效应总的来说，具有不确定性。

（12）人力资本因素对农民工社会资本均衡的变化同样复杂。文化水平增长，将使个人亲友型、同事型、创业组织型、社团型和政府型社会资本增长，文化水平每增加 1%，个人亲友型、同事型、创业组织型、社团型和政府型社会资本分别增长 0.2274%、0.1422%、0.4413%、0.1034%、0.7083%，而个人学习型社会资本将下降 0.5337%。总的来说，文化水平从统计上讲促进人亲友型、创业组织型、社团型和政府型社会资本增长和抑制学习型社会资本增加。务工年限增加将增加农民工个人亲友型、同事型、学习型、社团型社会资本，降低创业组织型资本与政府型社会资本，务工年限增长 1%，农民工个人亲友型、同事型、学习型、社团型、创业组织型资本与政府型社会资本将变化 0.3266%、0.5607%、0.0496%、−0.5463%、0.2527% 和 −0.2319%。在 15% 显著性条件下，农民工技术培训增长 1%，同事型、学习型、创业组织型分别增长 0.3609%、0.7868%、2.2831%，社团型与政府型社会资本分别降低 −0.4357% 和 −0.5987%，个人亲友型社会资本变化不确定。

（13）社会地位不均衡影响农民工不同类型社会资本发展。一是农民工拥有公务员亲友将增加返乡农民工亲友型、创业组织型和社团型社会资本概率，拥有公务员的农民工个人亲友型、创业组织型和社团型社会资本，分别是没有公务员亲友的农民工的 $e^{0.7609}$、$e^{0.7981}$ 和 $e^{0.5668}$ 倍，但拥有公务员亲友的农民工的同事型、学习型与政府型社会资本将低于其他农民工。二是亲友关系紧密程度增加 1%，个人亲友型社会资本增长相对概率将增加 0.2737%，社团型社会资本将增加 0.8249%，政府型社会资本将增加 0.5130%，但同事型社会资本相对概率将下降 0.2923%，学习型社会资本降低 0.5786%，创业组织型社会资本降低 0.5049%。

三是打工时担任管理岗位因素单位变化将使个人亲友型社会资本发展概率下降0.9513%，社团型社会资本增长0.3596%，政府型社会资本增长0.5742%，个人同事型社会资本、学习型社会资本和创业型社会资本的变化不确定。

（14）三大创业因素对农民工社会资本均衡的影响是不对称的。一是家庭兄弟姐妹数越多，个人亲友型、同事型两类社会资本就越大，兄弟姐妹数因素增加1%，将使个人亲友型、同事型、创业组织型三类社会资本增长相对概率分别增加0.1851%、0.52%和0.3182%，但政府型社会资本将下降0.3335%，个人学习型和社团型社会资本变化不明。二是打工行业变量对农民工社会资本发展类型产生影响，打工行业变量增长，个人亲友型社会资本、社团型和政府型社会资本将增长，而同事型、学习型社会资本将下降，创业组织型社会资本变动无法确定。三是打工地因素变量的影响效应使中西地区和其他地区打工农民工的社会资本倾向于个人亲友型发展，珠三角农民工次之，而长三角打工地农民工再次之，京津冀地区农民工会更低。但是，农民工同事型、学习型、创业型和政府型社会资本发展方向则相反，社团型社会资本变化则难以确认。

政府政策扶持力度越大，返乡农民工亲友型、学习型、创业组织型三类社会资本将增长，政府政策增加1%，农民工亲友型、学习型、创业组织型社会资本分别增长0.1736%、0.5648%和0.3281%，但农民工同事型、社团型社会资本将分别下降0.3056%和0.3474%，而政府型社会资本变化不明。

总之，回归模型进一步表明，返乡创业农民工社会资本发展行为是十分复杂的，农民工社会资本自我满意度、社会资本经济稀缺性、社会资本策略选择与具体发展类型组合与均衡，受返乡创业农民工个性因素、人力资本因素、社会地位因素、创业环境因素和政策因素的复杂作用，农民工各类社会资本之间发展总是非一致与非对称变化，特别是同一因素作用下，不同类型的社会资本选择策略的差异性，说明农民工之间社会资本发展确实存在竞争拥挤现象，而且具体社会资本边际变动和变动方向的不同甚至完全相反，则进一步指出了农民工社会资本发展竞争拥挤性。在不同因素的共同作用下，各类农民工社会资本发展策略选择、发展类型组合与发展均衡水平，将呈现农民工个体分化、阶层分化与多样化发展。在这种情况下，普通农民工相对精英农民工社会资本发展，必将处于不利竞争地位。这是政策设计过程中需要特别注意的一点。

第六章　农民工返乡创业的社会资本发展对策与建议

返乡创业农民工社会资本发展存在诸多问题，并受众多因素制约，对返乡农民工社会资本转型发展与返乡创业发展，产生重大影响，推动农民工社会资本转型与创业转型发展，需要制定科学的社会资本发展战略、建立社会资本发展现代服务体系、强化社会舆论引导、消除社会资本发展障碍、鼓励发展个人型社会资本、扩大组织型社会资本发展、加强契约型社会资本发展、优化社会资本发展策略等措施。

第一节　制定科学的农民工社会资本发展战略

农民社会资本发展是长期的复杂工程，涉及中央与地方、返乡农民工与外出农民工、返乡农民工与在乡农民、精英农民工与普通农民工的利益调整，涉及政治、经济、社会、文化、生态的各个领域与各个部门，而且中国各地区经济社会发展极不平衡，返乡创业农民工的社会资本发展环境、发展条件与社会需求，差别很大，地方政府的实际财政能力、管理服务能力和经验各不相同。因此，必须从全国层面进行顶层设计，兼顾各方利益，做到既要鼓励返乡农民工社会资本发展与经济发展，同时还能有效地激励其他主体社会资本发展与经济发展，实现各个社会主体社会资本与经济资本统筹协调发展；做到返乡创业农民工个人型社会资本、组织型社会资本和契约型社会资本统筹发展，实现返乡农民工长期社会资本发展与短期社会资本发展协调，真正实现返乡创业农民工社会资本转型升级。

第二节　建立社会资本发展现代服务体系

返乡创业农民工社会资本发展过程即农民工、家庭与社会的投入过程，更是社会各界的竞争过程，因此，为提升农民工社会资本发展能力、加快农民工社会资本转型，各级政府应该建立社会资本发展现代服务体系。具体来说要建立社会资本发展现代制度体系，规范引导农民工与社会各界依法有序发展社会资本，防止一些违法犯罪分子借发展社会资本的名义，发展各种黑社会组织、邪教组织与垄断组织，扰乱社会秩序，危害社会；要建立各种咨询服务体系，为农民工发展社会资本提供信息与具体指导；建立农民工社会资本管理组织平台，为解决农民工各种社会资本发展问题，提供正式解决渠道；要加强市场监管服务体系建设，建立监管全面、及时与有效的监控体系，及时掌握农民工社会资本发展新动向；要建立农民工社会资本评价档案体系，动态管理与记录农民工社会资本发展；建立农民工技术管理培训体系，切实提高农民工社会资本管理运营能力，提高社会资本效率；建立社会资本资金扶持体系，切实解决农民工社会资本发展资金问题；强化农民工组织型社会资本投入，形成机制化制度化的投入保障体系。

第三节　强化社会舆论引导

尽管在社会大环境和政策环境下，农民工返乡创业已经获得了鼓励和支持，但在具体的创业环境中，由于社会对农民工创业的偏见，创业者仍然会面临不少的文化和舆论的压力，尤其是来自所在农村的舆论压力。在相对较大的社会范围内，不少人认为，创业是城市人的事情，农村人没有能力创业，鼓励农民去创业是政策的一个笑话。一些社会舆论，在不同场合宣传"农民是愚、穷、弱和私的代表，农民善于分而不善于合作"，这种舆论可能是对创业者的一种质疑，也可能是对创业者的一种不信任。家庭经济基础薄弱、技术能力与文化水平低的创业者，在现实的各种不良舆论导向下，不仅要面对来自家庭和主要亲友的质疑，还要面对社会的不信任，甚至农民工创业者在与基层政府及其职能部门工作人员交往时还会被冷嘲热讽，这使他们在社会竞争过程中的处境更加不利，会对农民工社会资本的积累产生显著的负面影响。因此，各级政府，应结合"大众创业、万众创新"精神，加强创业与社会资本发展舆论引导，消除偏见，优化农民工返乡创业社会资本发展文化与舆论环境，倡导人们理性包容看待农民工创业与社会资本发展行为，树立农民工社会资本发展典型，扩大积极健康、诚信守法的社会资本发展舆论环境，引导广大农民工平稳有序发展社会资本。

第四节　消除社会资本发展障碍

（1）破除农民工自身障碍。农民工作为创业者，总体上看，社会资本积累层次低和积累数量少，社会网络支持力度较小，加之经济实力薄弱，受教育程度偏低，多从事劳动密集型行业的工作，缺乏驾驭市场和分析市场的能力，组织和管理能力较低，没有长远的发展规划等，同时也存在心理层面的障碍因素，在现实竞争中不够自信，也对创业的风险充满畏惧。农民工要实现成功创业必须克服自身的缺点和不足，农民工要通过学习和培训等，不断提升创业各方面的社会资本应用能力和素质，锤炼自己意志，破除农民工自身的创业心理障碍。各级政府和社会组织根据农民工自身的优势和劣势合理地引导农民工充分发挥自身社会资本优势，采取各种措施，提升农民工社会竞争优势，提升创业项目质量，降低创业风险，提升创业信心，进而促进农民工社会资本发展。

（2）破除创业制度障碍。所谓的制度障碍，就是指在任何一个行业都存在一些不利于创业者开展创业活动的门槛甚至是行业管制等。这些因素阻碍并限制了农民工返乡创业的空间和积极性，因此也阻碍了农民工社会资本发展。以农村互助资金为例，要提升创业行动所依托的组织型社会资本水平，返乡创业农民工就要扩大农村互助资金网络边界，增加互助基金规模，但扩大农村互助基金网络与规模，就也面临金融行业管制问题，在很多情况下，村级互助资金和民间借贷等会被视为非法集资活动，这影响了创业者可以依托和借助的组织型社会资本利用规模与效率。这种情况下，政府降低管制，释放互助基金等组织型社会资本发展能量，就成为农民工组织型社会资本的发展关键。消除行业障碍还需要降低一些行业领域的创业活动对创业者设置的无形的高门槛。比如，农产品深加工领域的创业，其不仅对创业者有较高的资金门槛和技术门槛需要，同时还对环境卫生等提出了高要求，发展社会资本，可以有效提高农民工克服门槛的能力，但在农民工社会资本能力较低的条件下，降低行业门槛、消除门槛障碍，不仅有利于农民工创业，也有利于农民工社会资本发展，使农民工以更低交易成本发展新型社会资本。要消除制度执行环节的各种障碍。尽管已经出台了多个推动农民工返乡创业的政策和文件，但是很多的文件和政策仍只是停留在文本上，具体该如何实施、政策该如何落实等，都还需要较长的时间去研究，农民工发展社会资本在办证、注册等多个方面还遭受着政府职能部门的推诿甚至不负责任的压制，个别政府部门的少数官员还存在不作为甚至是寻租行为等现象。这样会让本来就处于弱势地位的农民工社会资本发展面临更多困难。这一局面必须改变。

第五节　鼓励个人型社会资本发展

（1）鼓励加强个人先赋初级社会资本维护发展。农民工所拥有的个人型社会资本，依据其来源与获得途径的不同，将其分为先赋型初级社会资本和后天次级社会资本。个人型先赋初级社会资本，往往涉及家族、宗族、乡土社会的熟人关系、血缘关联、姻亲关系和情感联系等。当然，这些社会资本的存在及其可持续发展是与村庄的存续和发展不可分离的。一旦村庄解体，那么这里提到的多种类型的初级社会资本就无法继续存在了。从当前国家对农村的一些战略实践看，一部分有利于农民工初级社会资本的维护，而另一些则不利于农民工初级社会资本的维护和发展。因此，鼓励农民工先赋型初级社会资本维护发展，重点是要充分推动农村的发展，要避免过激和盲目地推动农村城市化，要依据农村的实际情况来推动农民市民化；增加农村的文化活力并提供文化公共服务；增加对农民发展的规划指导，实现经济与环境的双重进步；培育和倡导健康积极的乡村风气，重视乡村教育等。对农民工初级社会资本的维护，既是对地方政府提出的要求，更是对创业农民工提出的要求。作为村庄精英的创业农民工，要对村庄充满情感，要关心村庄发展和村民生活水平的提高，要积极参与村级公益事务，只有这样返乡创业农民工才能从村庄和家庭中汲取更多的个人型初级社会资本。因为，村庄和家庭的发展与进步，同农民工可以获取的个人初级社会资本的数量成正比。

（2）培育发展个人后天次级社会资本。既然有先赋型社会资本存在，那也就同样存在后天次级社会资本。个人后天次级社会资本往往跟个人后天的成长、发展和社会化等过程相关，比如因为上学而结成的同学关系、因为通过兴趣而认识和结交的朋友关系、因为工作行业及其内在特征而形成的同事关系等，都是农民工次级社会资本的重要构成。不过现实中，农民工个人次级社会资本培育发展不令人满意。从同学关系上看，多数农民工的同学也是农民工，极少数通过上学而改变阶层身份的个体因为离开村庄而与这些农民工断了联系；从同事关系上看，农民工多从事低技术和低资金的劳动密集行业，其在这类行业中结实的同事关系也很难在日后的创业行动中发挥显著作用；再从趣缘关系上看，农民工很少因为个人兴趣而结实什么朋友，这方面能够获得的社会资本就更少了。农民工次级社会资本普遍匮乏和低层次的现状让我们认识到，对农民工次级社会资本的培育和挖掘是十分必要的。

培育发展返乡创业农民工个人次级社会资本，最普遍的措施一是加强对创业农民工的指导和培训，通过课程学习和实践锻炼，不断提高农民工返乡创业所需的学缘次级社会资本能力；二是强化社区村落关系建设，提高农民工地缘社会关系发展能力；三是促进家庭和睦，推进农民工家庭血缘社会关系发展；四是开展形式多样的社会活动，扩大农民工友缘社会关系发展；五是政府引导和鼓励创业者主体性，让其主动接入社会组织。例如，通过让创业者参与展销会、博览会或者洽谈会等，让创业者不断地主动认识更多的合作伙伴，获得更多的市场信息；政府通过举办公共文化娱乐活动，让创业者在兴趣与爱好相一致的基础上不断充实自己的社会资本，提升个人次级社会资本层次。

第六节　扩大组织型社会资本创新发展

（1）发展多元组织型社会资本平台。具体而言，需要发展建立富有活力的组织型社会资本平台，具体包括：同乡会，同学会，行业协会，公益创业组织，商业联盟，微信朋友社交群，行业展会帮扶组织，企业联盟，电商联盟等。也就是说，应该鼓励农民工自主发展各种组织型社会资本平台，为农民工组织型社会资本发展需要的社会资源网络找到解决问题的途径，这个社会资源网不仅提倡社会化的创业资源的供给与指导，同时也与政府相关职能部门的工作建立协调和联动机制。创业者不仅能够获得知识上的帮助，而且也应该能够获得政策上的帮助；不仅能够获得实物层面的帮助和指导，同时也应该能够得到精神与心理层面的帮助与指导，社会资本发展有着较强大的平台保障。

（2）强化组织型社会关系网络发展。社会竞争中，农民工不具备充足的社会资本，因而就难以在同其他群体的竞争中获得更多的契约型社会资本的支持和帮助。同样地，因个人能力、素质和社会地位等因素造成个人型社会资本的弱势，也使农民工在动用个人型社会资本方面显得力不从心。无论是契约型社会资本，还是个人型社会资本，都可能成为农民工返乡创业过程中的不利因素。但组织型社会资本，既能克服契约型社会资本的局限，又能弥补个人型社会资本的不足，在提升农民工社会竞争优势方面，有其独特功能。因此各级政府，应该鼓励和支持农民工发展各种专业组织网络、技术分享网络、资金互助网络、亲友关怀网络、社会救济组织网络等，切实扩大组织型社会资本网络。

（3）注重培育发展新兴组织型社会资本。通过调查发现，农民工创业行业多数都处于较为低端的水平，劳动密集型为主；创业成本较高，这主要是因为创业园所处的位置都接近城市中心，地价和租金较高；创业企业抵御各类风险的能力较差，最主要的表现是创业企业资金短缺、融资困难且所从事行业利润率较低，竞争激烈；创业园的管理比较滞后，农民创业园的规划与整个城市规划对接不紧密，导致农民创业园的不断变动和调整。建议地方政府要推出有针对性的扶持政策，扶持发展创业园、物流园、科技园、电商产业园、农民工创业孵化园等新兴组织型社会资本，对一定空间上集聚的能够为农民工返乡创业组织型社会资本培育提供社会资本的社会组织一些帮助，通过改善水、电、路、通讯、物流等创业所需基本设施与服务，降低农民工新兴组织型社会资本培育发展成本，加快农民工传统组织型社会资本转型。

第七节 加强契约型社会资本发展

（1）深化户籍制度改革。深化户籍制度改革的重点是要让农民能够拥有与城市创业者一致的准入条件、注册标准、金融权利、法律援助等内容。户籍制度改革不是要一刀切地让农民身份都转变为市民身份，而是通过户籍制度改革，让农民可以同时获得城市和农村两个身份带来的优势、资源与扶持力量，从而获得政府提供的契约型社会资本的支持。因此，政府要加大户籍制度改革力度，深化制度改革，一是通过居民化改革，使广大农民工契约型社会资本发展有着同等的社会身份与社会权力；二是农民工契约社会资本可以平等地与城市居民契约型社会资本对接，实现契约型社会资本城乡扩张，大大提高农民工契约型社会资本规模；三是各级政府要从城乡公共服务均等化的角度加强对乡镇和村庄公共品的供给以及公共服务的保障水平，保证广大农民工可以直接享受到各级政府提供的各种契约型社会资本，丰富农民工契约型社会资本类型，优化契约型社会资本结构，提升契约型社会资本分配公平性，有利于促进农民工契约型社会资本发展，防止契约型社会资本发展分化。

（2）开拓契约型社会资本多元发展渠道。契约型社会资本与个人型和组织型社会资本不同，它依赖于社会制度的供给，自然也依赖于政府的主动作为，所以发展契约型社会资本，就需要政府拓展多元发展渠道。政府一是要通过政策倾斜和偏好让创业农民工享受税收政策契约型社会资本优惠，二是要通过简政放权制度安排，让创业者享受便捷的注册和工商登记等，获得程序上的便利，降低契约型社会资本发展交易成本；三是要强化优惠性金融贷款支持，扩大金融性契约社会资本发展空间；四是深化土地制度改革，让农民工获得土地使用的制度性契约型社会资本保障；五是强调政府对农民工返乡创业契约型社会资本发展帮扶行动；六是强化社会竞争管理，提高社会竞争契约型社会资本供给与使用范围，弥补市场机制调节作用缺陷，降低市场失灵产生的创业契约型社会资本发展风险。

（3）加强基层组织创新。农民工返乡创业在本质上是农民工的一种自主行为，同时也是国家宏观调控的结果，是国家政策引导的结果。农民工返乡创业后，一般都会选择自己户籍所在地进行创业，因为这里有很多的资源可以利用，有适合的社会网络资源能够调用，对家乡环境的熟悉也能够增强其创业的自信心。地方基层组织是否为农民工的返乡创业做好了准备呢？如果没有明显的准备，那农民返乡创业就会缺乏来自地方政府的基本支持，创业所需要的契约型社会资本就会显得不足。所以，各级政府在大力发展具有创业服务职能的社会组织和机构时，还要加大基层组织的创新，针对农民工返乡创业农民工契约型社会资本发展存在的问题，鼓励基层组织创新提供教育、社保、住房和医疗等基本公共服务，鼓励基层组织购买公共服务，让培训机构、创业服务组织、行业协会、信息网络平台和党政群团组织等充分发挥其积极性，发展各种契约型社会资本网络，帮助返乡创业农民工解决企业开办、经营、营销等阶段和环节出现的问题。鼓励基层组织大胆创新，推进市场中介服务机构大发展，加快农民工市场契约型社会资本发展，为农民工返乡创业提供创业机会识别、创业市场分析、创业风险评估和创业管理培训等多方面的深度服务，让农民工创业者获得专业化、网络化和便捷化的系统服务。

（4）完善法律保障机制。对于在家乡实现创业的返乡农民工来说，他们可能会面临被所在地黑恶势力索要保护费的问题，调研确实发现了存在创业者被收取保护费的情况。农民工为了避免更大的损失，也为了避免给自己以及家庭成员带来麻烦，就对这样的事情一直忍受。在无法忍受的情况下，农民工会做出报警处理，但是因为情节轻微，这些人拘留两天就又被放出来了。这种情况让创业者很是担心，忍无可忍时，创业者才会再次拿起法律的武器进行反抗。除了可能要面对来自社会黑恶势力的侵害外，创业者也很有可能受到来自政府相关部门的不良行政行为的影响。比如，因为很多乡镇财政收入十分有限，诸如工商所、交管所等部门都会象征性地对商铺和车辆收取一定的费用，这也导致创业环境的恶化和创业者处境愈发艰难。对于侵害个体工商户利益的行为，创业的农民工要通过各种渠道进行反馈。同时，也要求政府要加强对职能部门的监管，防止公权力对创业行动的伤害。涉及农民工权益保护的内容还有很多，无需在这里一一列举。另外，农民工之间、农民工与在乡农民之间，也存在各种复杂的博弈关系，有时会导致竞争失序。所以，需要政府完善法律保护机制，规范社会契约型社会资本发展，要做好对返乡创业农民工契约社会资本发展的有效保护，要至少让其获得最基本的法律尊重，要让其合法权利和利益不受损害。

第八节　优化农民工社会资本发展策略

理论模型中，社会资本发展策略单一，引发系列问题，所以，要解决农民工社会资本发展问题，有必要优化农民工发展策略。

（1）鼓励社会资本借用。通过调研，发现在返乡农民工返乡创业的过程中，使用社会资本的非常有意义的一种方式，就是社会资本的借用。什么是社会资本的借用呢？这就是农民工通过同学、亲友、同事等关系将自己不具备的社会资本应用到自己的创业过程中去的社会资本使用方式。社会资本的借用在很大程度上依赖农民工个人性社会资本，即农民工个人型社会资本的数量与质量将会影响社会资本借用的途径及其数量。例如，一个返乡创业的农民工希望通过流转大量土地来发展蔬菜种植，但是因为其常年在外打工，跟村庄中的干部和农户并不熟悉，但是其家族内有一个德高望重的长辈，既跟村干部熟悉，又能在村民面前获得权威。最终，为了便利和快捷地流转土地，这位创业者就通过自己的长辈亲戚去做村干部和村民的工作，最终流转了300多亩的土地，蔬菜种植的基础资源得以获得。社会资本的借用以创业者与社会资本的出借者的社会联系为基础，也就是说，社会资本的借用是很难发生在陌生人之间的，个人型社会资本建立了创业者与社会资本出借者的联系纽带。社会资本的借用就如同人情交往一样，其也需要资本借用者去偿还，当然偿还的形式是很多样的，可以是实物，也可以是人情交往，还可以是困难时刻的帮忙与援助。但实际中，社会资本的借用是有限度的，在创业者大量借用社会资本而没有"偿还"的情况下，农民工就会让自己获得社会资本借用的空间大大较小，途径也大大减少。因此，创业行动中的社会资本借用尽管普遍，但也需要创业者的维护，创业者需要实现借用者与出借者的互惠交往才能让社会资本借用更好地服务于自己的创业。

（2）支持社会资本自我积累。农民工返乡创业行动中应用社会资本的最常见的途径和方式是社会资本的积累。相比于社会资本借用，社会资本积累对于

109

创业者而言，更具有亲和力，因为通过积累获得的社会资本是创业者个人能够自主掌握的，其不需要过多地依赖外部条件去应用社会资本，而是能够更加切合实际且及时地让社会资本服务于创业行动。相比于社会资本借用，社会资本的积累所涉及的社会资本的类型将更加多样，其不仅与个人型社会资本相关，更与组织型社会资本和契约型社会资本有关。所谓的个人型社会资本，创业者不仅需要积累更多的资金、人力资源、管理能力、创业知识储备等，其还需要与相关行业的工作者、行政部门、商业市场等建立社会交往；从组织型社会资本看，创业者需要寻找或是建构合适的组织机构和力量来作为自己创业的组织保障和依托，创业者要在既有的社会组织框架中获得更好的组织角色和地位，创业者要让创业内容、方式与营销等获得更好的组织指导；从契约型社会资本的角度看，创业者对这类社会资本的积累主要是指，其要能够更加系统、全面地熟悉和理解党和政府关于创业及其所在行业的相关政策，要充分获得和使用国家政策、法律和法规等制度和规范给创业所带来的有利因素，要在可能的情况下，改变既有的制度和政策中不合乎现实和时代发展需要的内容，通过与政府职能部门、政策制定者的积极互动来优化契约型社会资本的整体质量和发展环境。

社会资本的积累是一个较为长期的过程，其不仅对创业者的个人能力和素质提出了要求，更对涉及农民工返乡创业的社会组织和政策环境、制度规范等提出了要求。创业者要做好社会资本的积累工作就需要强化以自身为主题的社会实践，要能够有效识别创业所需要的社会资本类型及其数量，并通过自身的行动将这些社会资本转化为个人可以随时取用的存量社会资本。对于多数返乡创业的农民工来说，他们创业行动的开始都建立在一定的社会资本积累的基础之上，加强社会资本的积累是一个没有明确时间节点的过程，创业者对成功的需要越大，创业过程越复杂，对创业者社会资本积累的要求就越高。

（3）加强社会资本联合。在农民工返乡创业过程中，尤其是以团队方式开展创业活动的创业行动中，农民工非常普遍地使用了社会资本联合的策略。通过调查案例中，发现不少创业者实现了不同农民工社会资本的联合。客观地讲，创业活动对农民工多个方面的能力和素质都提出了要求，而这样的能力和素质并不是多数农民工能够具备的。有些农民工对于某些专业领域的技能比较熟悉，而有些农民工对该专业的市场和发展前景有较多了解，还有的农民工对该行业的市场运作比较熟悉，对资本投资和成本控制比较熟悉，这就需要创业者将不同个体的优秀特质结合起来，才能够让创业行动避免更大的风险，才能够更好地实现资源整合和优势互补。

社会资本的联合是返乡创业农民工深入分析自身创业优势资源以及相关者资源与优势基础上做出的策略行动，这种联合也更是结合创业项目和内容等创业过程及行动的客观需要而确定和选择的。对于返乡农民工而言，社会资本的联合是创业行动成功的重要基础，但是要实现多元个体社会资本在创业行动中的联合并不容易。如果处理不好，社会资本的联合就会演变为创业行动中的离散力量，因此做好创业中的社会资本联合需要创业团队中有能够协调和整合社会资本的力量和个体，要让不同层面和方向的社会资本向着共同的目标努力，而不是势不两立、难以融合。

因此，政府因该鼓励农民工社会资本联合，明确规范农民工各种创业团队拥有的社会资本权力、义务和利益关系。各级政府部门，要做到各司其职和各负其责，采取各种办法，建立平台，支持社会资本联合，给不同的社会资本充分发挥其功能的机会，给每个团队创业个体社会资本发展足够的空间和机会；鼓励农民工创业团队采取多样化社会资本联合途径与形式，如鼓励社会资本入股和分成下的股份与专业合作。

(4)规范社会资本继承。社会资本的获得并非完全依赖个体的主观努力，在很多情况下，社会资本的获得与个体对社会资本的继承紧密联系。对于当前社会中出现的很多的"二代"的说法，其不仅直接揭示了父代与子代的经济联系，更体现了两代人之间在社会资本上的传递与继承关系。如，提到"官二代"，人们就会很轻易地想到，作为官员的子女从父辈的社会关系网络中继承了大量的可资利用的社会资本和关系网络。不光是富人的后代和官员的后代能够从父辈那里获得社会资本，任何普通的个体都能够获得一定数量和质量的社会资本，只是不同个体能够继承的社会资本的质量与数量会产生明显的差异。

中国社会自古遵从熟人社会的行动逻辑，在这一行动逻辑下，每个人都参与村庄内个体的社会交往和人情往来。加之家族、血缘和亲缘等关系的影响，村庄中任何一个个体都会在多个维度上拥有社会资本，而这样的社会资本因为家庭、血缘和亲缘等因素的作用，将呈现出流动、传递和继承的现象。按照农民工所获得社会资本的来源不同，可以将其社会资本大致分为两类，其一是先天性社会资本，其二是后赋性社会资本。而先天性社会资本的获得在很大程度上正是依靠对家庭和村庄社会资本的继承。

可以通过继承而获得的社会资本是很多的，比如朋友资源、同学资源和个人品行等。在调研中，就发现了一个典型的案例。在湖南邵阳的一个农村，返乡农民工王某打算通过食用菌的种植进行创业，但是其面临的最大困境是没有熟练的技术能力。而王某的父亲曾经在本地一个食用菌生产厂打工，跟厂里的技术员关系比较好。通过王某父亲的帮助，该技术员对王某及其妻子进行了食用菌的技术培训并提供了多次的技术指导。通过这样的交往，该技术员也成为了王某的好朋友。这就是通过父亲的社会资本继承而实现的社会资本传递和分享。

这里还需提醒大家，社会资本的继承并不像是财富的继承那样简单，因此，要特别对社会资本继承加强规范。因为社会资本的特殊性质，要继承社会资本，继承者仍需要花费一定的努力，但这种社会资本的获得主要是建立在原有的社会资本双方主体认可和同意的基础上，通过有关制度规范后，继承合理合法，而且继承而来的社会资本更加稳固。加强社会资本规范，降低社会资本摩擦与争议。因为社会资本的继承不仅可以在个体和个体间实现，也能够在个体和组织间实现；能够在组织与组织之间实现，也能够在个体和社会之间实现。例如，在信贷领域，金融机构开展了关于信用村的评定工作，如果创业者所在的村庄就是这样的守信用村，那么创业者就能够便捷地继承到以诚信为代表的社会资本。再比如，创业者如果之前在大集团企业打工，那么他就会在潜移默化之间继承到该公司规范管理和严格操作等方面的关于企业生产与组织方面的社会资本。但当社会资本的继承是发生在个人和组织之间、个人与组织之间、组织与组织之间时，有时没有明确的分配边界，极容易产生纠纷。通过规范继承行为，可以降低交易成本，保护社会资本完整性与安全性，提高社会资本积累发展稳定性。

(5)培育社会资本再生。农民工社会资本在创业行动中的应用还表现出了另外的一种方式和途径，那就是社会资本的再生。所谓的社会资本再生是指社会资本的拥有者通过自己已经获得的社会资本，加上其他相关的条件、基础和行动，从而生成自己曾经没有的新的社会资本。这种新的社会资本，可能是类型上的新，也可能是层次和质量上的新。

农民工返乡创业过程中的社会资本再生与以上谈及的社会资本的借用、社会资本的继承和社会资本联合的方式都有关系，或者说，社会资本的借用、继承和联合等社会资本的应用方式都有助于社会资本的再生。以社会资本的借用为例，社会资本在借用的过程中，创业者要与当事人发生接触且这种接触是长期的，社会资本的出借者只是创业相关主体的中间人和桥梁，更多的互动可能是在创业者与当事人间发生。如同在上文中提到的土地流转问题一样，创业者通过社会资本出借者的介绍和帮助，最终是要同村干部和流转土地的村民建立更加长期和稳固的交往关系。而这种交往关系的稳固和长期化，就会让创业者获得了新的个人型社会资本。类似的，社会资本的联合也能够实现社会资本的再生。以社会资本联合的方式应用社会资本，在客观上会使得不同个体能够有机会去学习对方和合作伙伴的社会资本，在学习和模仿中，创业中的个体就获得了新的社会资本。此外，社会资本联合对社会资本再生的推动作用还表现在：多个个体在不同方向上的联合，将会获得单个个体无法获得的关注与影响，而这样的关注与影响就构成了新的社会资本。最后，社会资本的继承也会形成社会资本的再生。任何人都能够从自己所在的家庭和村庄中继承一定数量和一定类型的社会资本，而这种社会资本并非来自获得者的后天努力。例如，作为家庭内的一员，父亲会或多或少地将自己的一个朋友和同学介绍给孩子认识，在一段时间的互动和社会联系后，这个家庭内的孩子能够脱离父亲的照顾而单独与父亲的这些朋友进行联系，获得帮助或是提供帮助，获得信息或是提供信息等。这样，通过家庭代际传递的社会网络就构成了年轻一代新生的社会资本。这就是社会资本继承对社会资本再生所带来的积极意义和价值。

为促进社会资本再生发展，无论政府还是社会，首先都应该鼓励农民工社会资本再生发展，提升社会资本发展效益。其次，政府要制定相关措施，保障规范社会资本再生发展。第三，各级政府，要对农民工社会资本再生发展提供平台。第四，要加大社会资本再生发展投入，国家要有机制化的投入保障。最后，鼓励支持农民工自己建立各种社会资本网络与平台，提高农民工社会资本发展再生能力。

第七章　结论与讨论

第一节　结　论

本书在理论分析的基础上，结合调查总结，归纳出农民工返乡创业社会资本发展现状、主要问题，建立理论博弈问题，分析农民工社会资本发展博弈演化均衡，并建立计量检验理论模型，最后提出相关政策建议，主要研究内容总结如下：

(1)农民工返乡创业社会资本有着不同类型与功能。返乡农民工社会资本分为个人型社会资本、组织型社会资本和契约型社会资本三类，每一类社会资本具有自我积累、社会流动、需求满足、机会识别、内容选择、资源整合、风险分散七大创业功能，从而社会资本对创业有重要影响。

(2)社会资本与创业有着密切互动关系。分析农民工社会资本发展与创业行为的互动作用关系，认为农民工社会资本具有提升创业竞争优势、提供创业动力、发现创业机会、选择创业领域、确定创业市场产品、确定创业时间地点、优化创业投入、选择创业方式、优化创业资源配置和降低创业风险效应的作用，而创业发展则有拓展社会资本发展空间、提升社会资本优势、提供社会资本发展动力、增加社会资本报酬、改变社会资本发展策略的反作用，农民工社会资本与创业相互作用，推动双方动态发展。

(3)农民工返乡创业的社会资本存在诸多问题。研究包括设计返乡农民工社会资本调查问卷，进行具体调查，在整理调查信息的基础上，分析返乡农民工社会资本发展基本状况，发现农民工社会资本积累总量不足，社会资本策略渠道单一、社会结构单一高度同质化，发展存在类型封闭、对象封闭与阶层三大结构封闭性，发展个体分化、家庭分化、阶层失衡、代际分化，创业功能弱小、创业优势培育能力不强、创业风险分散功能不足等问题。

（4）农民工返乡创业的社会资本问题是动态博弈演化的。通过建立精英农民工与普通农民工返乡创业社会资本动态演化博弈竞争模型，理论上深入分析精英农民工与普通农民工这两类不同农民工社会资本博弈竞争下的社会资本投资发展策略、路径、均衡与作用规律，寻找出不同类型农民工社会资本问题产生原因以及演变规律。同时，考虑政府、在乡农民行为对返乡创业农民工社会资本策略、路径与均衡的影响，使理论模型更具有现实价值。模型研究发现，不同类型农民工社会资本发展路径、策略与均衡受社会资本投资边际收益、边际成本、竞争拥挤、策略选择和政府政策、在乡农民行为等众多因素的影响制约，发展具有多样性、非均衡性、非一致性与复杂性，从而导致农民工社会资本积累总量不足，社会资本策略渠道单一、社会结构单一高度同质化与高构封闭性，发展个体分化、家庭分化、阶层失衡、代际分化，创业功能弱小、创业优势培育能力不强、演化路径刚性等问题。

（5）现实中农民工返乡创业社会资本问题受众多影响因素影响，但不同因素的实际作用效果是不同的，这是现实农民工社会资本问题复杂演化发展的内在原因。结合理论模型分析与实证调查资料，梳理出主要影响因素，建立计量经济学模型，具体分析不同类型社会资本问题的主要因素的影响模式、作用方向和效应，并验证理论模型结论，发现农民工社会资本自我满意度、社会资本经济稀缺性、社会资本策略选择与具体发展类型组合与均衡，受返乡创业农民工个性因素、人力资本因素、社会地位因素、创业环境因素和政策因素的复杂作用，农民工各类社会资本之间发展总是非一致与非对称变化，认为农民工社会资本发展存在竞争拥挤性，而且模型实证结果进一步发现在不同因素的共同作用下，各类农民工社会资本发展策略选择、发展类型组合与发展均衡水平，将呈现农民工个体分化、阶层分化与多样化发展。这些发现，有力支持了理论模型，也是文章理论研究的深化与具体化。

（6）必须采取措施加快发展农民工返乡创业社会资本。结合理论与实证研究、现实农民工创业要求，认为要推动农民工社会资本转型与创业转型发展，需要制定科学社会资本发展战略、建立社会资本发展现代服务体系、强化社会

115

舆论引导、消除社会资本发展障碍、鼓励发展个人型社会资本、扩大组织型社会资本发展、加强契约型社会资本发展、优化社会资本发展策略等措施。

第二节　进一步的讨论

本研究对农民工返乡创业社会资本的问题进行了思考和分析，这个角度正是本研究的特色与优势。但就农民工的返乡创业行动而言，对社会资本的重视并不代表经济资本就不再重要，结合经济资本深入分析农民工社会资本发展及创业问题，将得到更多有益启发。创业活动在本质上仍是一种经济活动，对经济活动和市场活动来说，经济基础和经济资本的重要性是不言而喻的，只是多数从经济视角展开的关于农民工返乡创业的研究并没有充分认识到经济行动的社会属性和社会制约性。社会资本在本质上是个人和团体或组织之间的关联，及这种关联带来的资源、信任和规范等。因此，本研究发现，社会资本对创业有着复杂影响，但却不能仅仅依赖社会资本而实现创业，离开了经济资本，创业就无从谈起。但我们还发现创业者经济资本筹集过程中的关系、关联与网络等社会资本的重要作用，正是因为这些重要作用，农民工之间才就社会资本展开复杂博弈，并影响社会资本均衡演化发展。这能够给我们些许启发：农民工经济能力与社会资本是复杂博弈发展演化的，而这个发展过程及其方向、空间、路径等就是社会资本应用研究的独到之处。社会资本重点关注的是个体、群体间的社会交往、社会关联，因此其无法超越经济学研究的宏观性启发。尤其是当我们将经济形势、经济状态等很多因素放入农民工返乡创业研究过程的时候，能够看到经济环境和经济行为对创业的深刻而系统的影响，故此，从农民工社会资本问题研究并不排斥经济学的相关研究及其带来的启发和启示，这里对社会资本问题的研究能够扭转该研究领域唯经济论的片面性，也就在客观上对经济倾向性研究形成了矫正。关于创业社会资本的研究，在本质上是对社会的一种揭示，即社会是否具备创业文化，社会制度是否已经为农民工返乡创业提供了应有的社会资本准备，这是创业的契约型社会资本的内容；社会组织是否能够为农民工返乡创业提供必须的帮助和支持，社会服务网络是否能够让农民工遭遇困境时找到合适的解决路径，这是农民工社会资本的组织型社会资本的内容和内涵;通过分析农民工在现有的社会结构、社会形势和社会文化中博弈竞争以提取、积累或获得应有的创业社会资本,并指出其社会资本发展演化规律,这是论述创业者的个人型社会资本的内容和内涵及其价值所在。

农民工的创业往往是拿出整个家庭的积蓄来进行投资,一旦投资失败,不但家庭生存面临困境,同时家庭的稳定也会出现问题,离婚可能就是创业失败给家庭稳定造成的最突出的负面问题。返乡农民工,为了减轻创业失败所可能给其带来的重大影响,需要从政策层面尽可能地构建出一套风险应对与化解体系。这套风险应对化解体系至少应该包含三个方面的内容,其一应该针对农民工返乡创业活动设置风险应对基金,要在创业失败和创业者家庭生计受到严重影响时,提供必要的救助和支持社会资本构建平台;其二,要对出现创业失败的家庭进行社会工作或是心理的干预,要避免创业失败给创业者带来过重的心理负担,以防止意外事件的出现,同时要做好其家庭成员的心理疏导和矛盾调整工作,避免在创业失败后出现妻离子散的不良境遇;其三,要在现有的农村社会保障的基础上,不断强化对农民工返乡创业者所应该享受各项保障的贯彻实施。其中,相对重要的是,要继续鼓励农民工返乡创业者参与新型农村合作医疗和新型农村养老保险;要对创业失败者提供低保救助和临时性民政救助;要充分保障农民的土地权益,让创业失败者至少还有土地能够解决基本温饱问题;要保障创业者的宅基地使用权益,严格控制宅基地买卖和私下交易,以保障农民工返乡创业者返回村庄时有基本的住房。社会资本在这一体系中无疑是重要组成部分。正如学者所言,农村是中国社会的稳定器和蓄水池,农村也是返乡创业农民工的稳定器和安全阀,只有让创业者在失败时刻还有基本的生存空间和退路,那创业风险就不会引发不稳定因素,创业者也就能够更加安心地投入创业活动,各界关于创业的扶持政策也才能克服后顾之忧。社会资本在其中起着难以估量的作用。所有返乡创业农民工在创业过程中,进行社会资本投资发展博弈,其意义远超创业发展这一狭隘范畴,有着更加广泛的意义,这正是本书的意义所在。

参考文献

[1]杨雪冬. 经济全球化背景下的中国制度优势[J]. 求是，2013(18)：62-63.

[2]边燕杰，张磊. 论关系文化与关系社会资本[J]. 人文杂志，2013(1)：107-113.

[3]张克中，郭熙保. 社会资本与经济发展：理论及展望[J]. 当代财经，2004(9)：5-9.

[4]周晔馨. 社会资本影响农民工就业与收入[N]. 中国社会科学报，2013-06-10.

[5]宁光杰. 自我雇佣还是成为工资获得者？——中国农村外出劳动力的就业选择和收入差异[J]. 管理世界，2012(7)：54-66.

[6]张广胜，柳延恒. 人力资本、社会资本对新生代农民工创业型就业的影响研究——基于辽宁省三类城市的考察[J]. 农业技术经济，2014(6)：4-13.

[7]张鑫，谢家智，张明. 社会资本、借贷特征与农民创业模式选择[J]. 财经问题研究，2015(3)：104-112.

[8]白小瑜. 新生代农民工的社会资本[J]. 湖北民族学院学报，2006(1)：148-150.

[9]王艳华. 进城农民工社区融入的社会学分析[J]. 理论园地，2007：43-45.

[10]赵立新. 社会资本与农民工市民化[J]. 社会主义研究，2006(4)：48-51.

[11]齐心. 延续与建构：新生代农民工的社会网络[J]. 江苏行政学院学报，2007(3)：74-79.

[12]李惠斌,杨雪冬. 社会资本与社会发展[M]. 北京:社会科学文献出版社,2000:8.

[13]刘祖云,刘敏. 关于人力资本、社会资本与流动农民社会经济地位关系的研究述评[J]. 社会科学研究,2005(6):124-129.

[14]边燕杰. 城市居民社会资本的来源及作用:网络观点与调查发现[J]. 中国社会科学,2004(3):136-146,208.

[15]庄晋财,芮正云,曾纪芬. 双重网络嵌入、创业资源获取对农民工创业能力的影响——基于赣、皖、苏183个农民工创业样本的实证分析[J]. 中国农村观察,2014(3):29-41.

[16]张秀娥,张梦琪,王丽洋. 社会网络对新生代农民工创业意向的影响机理研究[J]. 华东经济管理,2015(6):10-16.

[17]陈文超,陈雯,江立华. 农民工返乡创业的影响因素分析[J]. 中国人口科学,2014(2):96-105.

[18]黄璜. 城镇化发展对农民工返乡创业带来的机遇和挑战[J]. 现代商业,2015:271-273.

[19]徐辉,陈芳. 公共支持政策对新生代农民工创业绩效影响评价及其影响因素分析[J]. 农村经济,2015(8):126-129.

[20]李长峰,庄晋财. 农民工创业初期行业选择影响因素的实证研究[J]. 农村经济,2014(1):109-113.

[21]王天权. 农民工返乡创业:建设社会主义新农村的一条重要途径[J]. 哈尔滨市委党校学报,2006(5):32-33.

[22]李含琳. 对我国农民工返乡创业问题的经济学思考[J]. 青海师范大学学报(哲学社会科学版),2008(5):1-6.

[23]李青,朱仁宏. 机会观视角的创业理论研究[J]. 国际经贸探索,2010(3):75-79.

[24]刘莉,李新春. 家族创业研究:一个理论研究的新模式[J]. 吉林大学社会科学学报,2008(6):145-152.

[25]林强,姜彦福,张健. 创业理论及其架构分析[J]. 经济研究,2001(9):85-94,96.

[26]朱仁宏，陈灿.创业研究前沿理论发展动态[J].当代经济管理，2005
(1)：13-20，31.

[27]雷育胜，王坤钟.关于返乡农民工返乡创业问题的实证研究[J].广东农
业科学，2010(10)：235-238.

[28]李翔.金融危机背景下返乡农民工的职业培训与就业疏导[J].成人教育，
2009(9)：85-86.

[29]李晓亮，申覃，周霞.回流农民工：农村宝贵的人力资源[J].农村经济
与科技，2005(11)：16-17.

[30]王革，张玉利，吴练达.企业社会资本静态与动态分析[J].天津师范大
学学报(社会科学版)，2004(1)：16-20，37.

[31]费杰.农民工返乡创业的阻碍因素及对策[J].行政与法，2008(2)：
48-50.

[32]冯荣珍，安巧珍.返乡农民工再就业的途径[J].经济导刊，2009(10)：
85-86.

[33]柯益群.农民工返乡创业问题值得关注[J].发展研究，2009(5)：95-96.

[34]高建，盖罗它.国外创业政策的理论研究综述[J].国外社会科学，2007
(1)：70-74.

[35]李乾文.公司创业活动与绩效关系测度体系评介[J].外国经济与管理，
2005(2)：2-9.

[36]陈世清.创业经济学论纲[J].华东理工大学学报(社会科学版)，2003
(2)：33-39.

[37]黄建新.农民工返乡创业行动研究——结构化理论的视角[J].华中农业
大学学报(社会科学版)，2008(5)：15-17，23.

[38]刘小年.农民工政策的阶段新论——兼与胡鞍钢教授商榷[J].探索与争
鸣，2006(3)：10-12.

[39]刘美玉.基于扎根理论的新生代农民工创业机理研究[J].农业经济问题，
2013(3)：63-68，111.

[40]张纹.农民工返乡创业需要政策优惠[J].农村实用技术，2009(1)：9.

[41]蔡亚林.激活创业动力：新农村创业能力提升的希望——专访中国林业科

学研究院林业信息研究所副所长王登举[J].经济,2007(5):94-95.

[42]陈兴淋.南京创业环境现状评价:一项基于专家问卷的实证研究[J].南京社会科学,2007(7):135-140.

[43]姜彦福,邱琼.创业机会评价重要指标序列的实证研究[J].科学学研究,2004(1):59-63.

[44]陈锡文.中国农村发展[J].中国农村经济,2004(1):4-9.

[45]胡成,钟滔.劳动就业局:力促返乡农民工就业创业[N].瑞金报,2009-07-06.

[46]胡恒洋,张俊峰.农村劳动力转移对农业生产的影响及政策建议[J].中国经贸导刊,2008(13):17-19.

[47]胡家勇.一只灵巧的手:论政府转型[M].北京:社会科学文献出版社,2002.

[48]胡明文,黄峰岩,谢文峰.外出农民工回乡创业现状分析[J].江西农业大学学报(社会科学版),2006(1):56-59.

[49]林嵩,姜彦福,张帏.创业机会识别:概念、过程、影响因素和分析架构[J].科学学与科学技术管理,2005(6):128-132.

[50]胡武贤,林楠,许喜文.农村劳动力转移的社会负面效应及其消解[J].江西社会科学,2006(12):193-196.

[51]黄德林.中国农民创业研究[M].北京:中国农业出版社,2008.

[52]黄小勇,尹继东.世界金融危机下江西农民工回流及就业对策[J].企业经济,2009(8):51-55.

[53]汪三贵,刘湘琳,史识洁,等.人力资本和社会资本对返乡农民工创业的影响[J].农业技术经济,2010(12):4-10.

[54]陈震红,董俊武.国外创业研究的历程、动态与新趋势[J].外国经济与管理,2004(2):7-11.

[55]李国军.创业环境评价及区域比较[J].云南行政学院学报,2009(2):173-176.

[56]李湖明.返乡农民工返乡创业两年内减免规费[N].江西日报,2009-01-09.

[57]刘国新，王光杰.创业风险管理[M].武汉：武汉理工大学出版社，2004.

[58]刘常勇.创业管理的12堂课[M].北京：中信出版社，2002.

[59]罗明忠.农村劳动力转移后回流的原因：逻辑推演与实证检验[J].经济学动态，2008(1)：51-54.

[60]梁广锡，梁怡，张文修.模糊关系数据库上的证据理论[J].工程数学学报，1994(3)：91-100.

[61]雷家骕，冯婉玲.高新技术创业管理[M].北京：机械工业出版社，2001.

[62]罗军，戴育滨，谢炜煌.新生代农民工创业资源禀赋对创业机会的影响[J].广东农业科学，2014(15)：220-225.

[63]王胜利，何小勇.农民工返乡创业动力机制及其影响因素分析[J].农业经济，2011(6)：54-56.

[64]张大维，郑永君.贫困风险约束：返乡农民工创业的发生机制——基于三个川北返乡农民工家庭的生计选择分析[J].河南大学学报(社会科学版)，2014(5)：39-45.

[65]张晓怡.扎根理论应用的分析——以"谁对返乡农民工创业机会识别更具影响力：强连带还是弱连带"为例[J].中国集体经济，2016(4)：62-63.

[66]冯建喜，汤爽爽，杨振山.农村人口流动中的"人地关系"与迁入地创业行为的影响因素[J].地理研究，2016(1)：148-162.

[67]林斐.对90年代回流农村劳动力创业行为的实证研究[J].人口与经济，2004(2)：50-54.

[68]周晓虹.流动与城市体验对中国农民现代性的影响——北京"浙江村"与温州一个农村社区的考察[J].社会学研究，1998(5)：60-73.

[69]刘芳芳，尚明瑞，王建兵，等.城镇化进程中农民工创业意愿及其影响因素研究——基于甘肃省农民工调查数据的实证分析[J].中国农学通报，2015(18)：240-246.

[70]庄晋财，尹金承，王春燕.农民工创业资源获取的网络渠道及其差异研究[J].软科学，2015(5)：140-144.

[71]段小梅.人口流动模型与我国农村剩余劳动力转移研究[J].农村经济，2003(3)：62-65.

[72]刘光明,宋洪远.外出劳动力回乡创业:特征、动因及其影响——对安徽、四川两省四县71位回乡创业者的案例分析[J].中国农村经济,2002(3):65-71.

[73]张军,王邦虎.新生代农民工城市融入的文化资本支持[J].安徽农业大学学报(社会科学版),2013(2):43-48.

[74]白南生,何宇鹏.回乡,还是外出?——安徽四川二省农村外出劳动力回流研究[J].社会学研究,2002(3):64-78.

[75]辜胜祖.支持农民工多形式创业[J].瞭望,2009(13):64.

[76]韩俊,崔传义.我国农民工回乡创业面临的困难及对策[J].经济纵横,2008(11):3-8.

[77]周雪光,赵伟.英文文献中的中国组织现象研究[J].社会学研究,2009(6):145-186,245-146.

[78]丁冬,傅晋华,郑风田.社会网络、先前经验与新生代农民工创业——基于河南省新生代农民工创业调查数据的分析[J].西部论坛,2014(3):26-31.

[79]张爽,陆铭,章元.社会资本的作用随市场化进程减弱还是加强?——来自中国农村贫困的实证研究[J].经济学(季刊),2007(2):539-560.

[80]赵剑治,陆铭.关系对农村收入差距的贡献及其地区差异——一项基于回归的分解分析[J].经济学(季刊),2010(1):363-390.

[81]王西玉,崔传义,赵阳.打工与回乡:就业转变和农村发展——关于部分进城民工回乡创业的研究[J].管理世界,2003(7):99-109,155.

[82]陈园.农民工创业的动因研究:基于博弈均衡的视角[J].农业考古,2010(3):156-158.

[83]赵曼,刘鑫宏,顾永红.农民工返乡创业发展规律、制约瓶颈与对策思考——基于湖北省15县67名返乡创业者的纪实调查[J].湖北经济学院学报,2008(6):68-73.

[84]杨群红.新农村建设背景下农民工返乡创业问题研究[J].南都学坛,2008(6):112-115.

[85]申鹏,李明昊.社会资本对返乡农民工稳定就近就业的作用机制与对策建

议[J]. 广东农业科学，2015(23)：207-212.

[86]程慧栋，吕世辰. 政府、企业与第三部门：农民工劳动管理中的多维角色分析[J]. 经济问题，2009(10)：83-85.

[87]胡珑瑛，叶元煦. 高技术产业集群的动因分析[J]. 技术经济，2002(8)：50-52.

[88]柯江林，孙健敏，石金涛，等. 人力资本、社会资本与心理资本对工作绩效的影响——总效应、效应差异及调节因素[J]. 管理工程学报，2010(4)：29-35，47.

[89]田喜洲，谢晋宇. 人力资本、社会资本及心理资本对员工绩效和工作态度的影响差异[J]. 科学学与科学技术管理，2012(8)：174-180.

[90]李萍. 能力结构与新生代农民工创业质量[J]. 华南农业大学学报(社会科学版)，2016(2)：42-51.

[91]教育部. 2003—2007年教育振兴行动计划[EB/OL]. (2004-02-10). www.moe.gov.cn/jyb_xxgk/moe_1777/moe_1778/tnull_27717.html.

[92]林嵩，张帏，邱琼. 创业过程的研究评述及发展动向[J]. 南开管理评论，2004(3)：47-50.

[93]李建平，李闽榕，高燕京. 中国省域经济综合竞争力发展报告(2007~2008)[M]. 北京：社会科学文献出版社，2009.

[94]杨鹏. 农民工返乡创业文献综述[J]. 决策与信息，2010(4)：67-68.

[95]王翌，刘维佳. 西部农民工回流与回归现象浅析[J]. 技术与市场，2007(4)：89-91.

[96]杨家栋. "农民工返乡"的辩证思考[J]. 学理论，2010(11)：21-22.

[97]李晓春，马轶群. 我国户籍制度下的劳动力转移[J]. 管理世界，2004(11)：47-55，155.

[98]王展翔，曹裘树. 基于知识创新的人力资源管理模式[J]. 经营与管理：2011(3)：58-59.

[99]刘浩平. 30万人返乡带来110万人就业的启示[N]. 人民日报，2009-01-19.

[100]张文宏. 社会资本：理论争辩与经验研究[J]. 社会学研究，2003(4)：

23-35.

［101］刘青. 赣州完善脐橙产业配套设施分级能力千余吨/小时［N］. 赣州晚
报，2008-08-02.

［102］刘蔚，江宁. 赣州发放返乡农民工返乡创业贷款超全省总额一半［N］.
赣南日报，2009-07-17.

［103］陆学艺. 农民工问题要从根本上治理［J］. 特区理论与实践，2003（7）：
31-36，1.

［104］程伟，陈遇春. 多重理论视角下农民工的返乡创业行为研究［J］. 中州学
刊. 2011（1）：71-74.

［105］覃扬庆. 农民工返乡潮之理性分析及对策［J］. 湘潮（下半月）（理论），
2009（4）：19-20.

［106］陆学艺. 中国农村现代化基本问题［M］. 北京：中共中央党校出版
社，2004.

［107］胡俊波. 职业经历、区域环境与农民工返乡创业意愿——基于四川省的
混合横截面数据［J］. 农村经济，2015（7）：111-115.

［108］王冬，刘养卉. 新生代农民工创业行为影响因素分析——基于兰州市的
调查［J］. 中国农学通报，2015（5）：278-283.

［109］张慧媛，章铮，周健，等. 农民工创业就业现状分析——基于中国"打工
第一县"的调研［J］. 西北农林科技大学学报（社会科学版），2015（3）：
37-43.

［110］田北海，雷华，余洪毅，等. 人力资本与社会资本孰重孰轻：对农民工
职业流动影响因素的再探讨——基于地位结构观与网络结构观的综合视
角［J］. 中国农村观察，2013（1）：34-47，91.

［111］辜胜阻，郑凌云，易善策. 新时期城镇化进程中的农民工问题与对策
［J］. 中国人口·资源与环境，2008（9）：85-86.

［112］金沙. 我国农村外出劳动力回流研究［D］. 甘肃：兰州大学，2009.

［113］张顺，郭小弦. 社会网络资源及其收入效应研究——基于分位回归模型
分析［J］. 社会，2011（1）：94-111.

［114］张新芝，欧阳仉孙，王玉帅. 农民工返乡创业的影响因素及作用机

理——基于系统基模的分析[J]. 南昌大学学报（人文社会科版），2014（4）：66-72.

[115]于晓媛. 建国后我国农村人口回流分析[J]. 理论探索，2003（3）：51-53.

[116]王汝志. 人身保险需求——基于Abraham. h. maslow需求层次理论的实证分析[J]. 浙江金融，2007（9）：48-49.

[117]秦德文. 阜阳地区民工潮回流现象的调查与思考[J]. 中国农村经济，1994（4）：11-14.

[118]何慰先. 返乡农民工是建设新农村的主力军[J]. 理论与当代，2006（10）：21-22.

[119]程春庭. 重视"返乡创业"增强县域经济整体发展能力[J]. 中国农村经济，2001（4）：68-72.

[120]王大贤. 青年民工返乡创业的制约因素分析及其对策[J]. 安徽理工大学学报. 2005（2）：17-19.

[121]凌斌，王勇. 回乡创业是欠发达地区县域经济新的增长点——以安徽省无为县为例[J]. 特区经济，2006（4）：355-357.

[122]周其仁. 机会与能力——中国农村劳动力的就业和流动[J]. 管理世界，1997（5）：81-101.

[123]杜敏. 关于农民工返乡创业情况的调查报告——以重庆市永川区为例[J]. 重庆文理学院学报（自然科学版），2007（4）：110-112.

[124]董伟才. 昔日输出农民工今朝迎回创业者——关于湖北省农民工回乡创业的调查[J]. 中国就业，2007（9）：110-113.

[125]刘唐宇. 福建省农民工回乡创业的调查与思考[J]. 福建农林大学学报（哲学社会科学版），2009（5）：16-23.

[126]茅国华，孙文杰. 新生代农民工返乡创业培训研究[J]. 中国成人教育，2014（24）：190-192.

[127]农业部等六部委联合实施开发农业农村资源支持农民工等人员返乡创业行动计划[J]. 农业工程技术，2015（35）：23.

[128]范丹，李文川，吴俊. 农民工职业流动和选择因素实证研究——以浙江

省制造业为例[J]. 农村经济，2013(12)：102-106.

[129]李清秀，杨云善. 农村劳动力"双向"流动就业对新农村建设的影响[J].
信阳师范学院学报(哲学社会科学版)，2007(4)：64-67.

[130]巩前文，李瑾，孙国兴. 农民工回乡创业契机下的新农村建设主体选择
问题研究[J]. 乡镇经济，2008(2)：8-11，18.

[131]赵延东. 人力资本、再就业与劳动力市场建设[J]. 中国人口科学，2003
(5)：24-29.

[132]杜丽华. 就地城镇化背景下返乡农民工创业探究[J]. 农业经济，2015
(12)：80-81.

[133]李敏. 大众创业背景下农民工返乡创业问题探究[J]. 中州学刊，2015
(10)：79-82.

[134]赵日新. 对农民工返乡创业路径的思考[J]. 中国扶贫，2015(22)：
54-56.

[135]陈升，孟庆国. 人力资本、社会资本与受灾居民恢复研究——以汶川地
震灾后恢复为例[J]. 经济学家，2010(5)：94-101.

[136]胡雯. 农民工返乡创业的现实困境及政策取向——基于制度变迁与博弈
视角[J]. 内蒙古社会科学(汉文版)，2014(2)：102-106.

[137]悦中山，李树茁，费尔德曼. 农民工社会融合的概念建构与实证分析
[J]. 当代经济科学，2012(1)：1-11，124.

[138]杨菊华. 从隔离、选择融入到融合：流动人口社会融入问题的理论思考
[J]. 人口研究，2009(1)：17-29.

[139]田凯. 关于农民工的城市适应性的调查分析与思考[J]. 社会科学研究，
1995(5)：90-95.

[140]李树茁，任义科，靳小怡，等. 中国农民工的社会融合及其影响因素研
究——基于社会支持网络的分析[J]. 人口与经济，2008(2)：1-8，70.

[141]纪志耿，蒋永穆. 城镇化进程中新生代农民工返乡创业调研——以西部
农业大省四川为例[J]. 现代经济探讨，2012(2)：65-67，87.

[142]安海燕，张树锋. 农民工社会资本对生活满意度影响研究[J]. 中国农业
资源与区划，2015(4)：67-72，112.

[143]王春超，周先波. 社会资本能影响农民工收入吗？——基于有序响应收入模型的估计和检验[J]. 管理世界，2013(9)：55-68，101，187.

[144]谢勇. 基于人力资本和社会资本视角的农民工就业境况研究——以南京市为例[J]. 中国农村观察，2009(5)：49-55，96.

[145]郑少锋，郭群成. 返乡农民工创业决策的影响因素——基于重庆市 6 个镇 204 个调查样本数据的分析[J]. 华南农业大学学报（社会科学版），2010(3)：9-15.

[146]胡荣，王晓. 社会资本与城市居民对外来农民工的社会距离[J]. 社会科学研究，2013(3)：101-106.

[147]安海燕，钱文荣. 农民工人力资本、社会资本投资行为影响因素分析[J]. 农业现代化研究，2015(2)：219-224.

[148]董文波，杜建国，任娟. 基于演化博弈的农民工返乡创业研究[J]. 华南农业大学学报（社会科学版），2013(2)：58-63.

[149]Bourdieu Pierre. The Forms of Capital[M]. Westport：Greenwood Press，1986.

[150]Coleman J. A Rational Choice Perspective on Eocomic sociobgy[A]. Smelsre N J. Swedbeng R. The Handbook of Economic Sociology [Z]. Princeton：Princeton University press，1994.

[151]Putnam R. Making Democracy work：Civil Traditions in Modern Italy[M]. Princeton：Princeton University Press，1992.

[152]包亚明. 文化资本与社会资本——布尔迪厄访谈录[M]. 上海人民出版社，1997.

[153]詹姆斯·S. 科尔曼. 社会理论的基础（上、下）[M]. 邓方，译. 北京：社会科学文献出版社，1999.

[154]Cranovetter M. The Strength of Weak Ties[J]. American Journal of Sociology，1973.

[155]罗伯特·D. 帕特南. 使民主运转起来[M]. 王列，赖海榕，译. 南昌：江西人民出版社，2001.

[156]弗朗西斯·福山，曹义. 社会资本、公民社会与发展[J]. 马克思主义与现实，2003(2)：36-45.

[157]庞巴维克. 资本实证论[M]. 陈端，译. 北京：商务印书馆，1964：

94-99.

[158]林南. 社会资本——关于社会结构与行动的理论[M]. 张磊，译. 上海：上海人民出版社，2004：28.

[159]Hisrich R D, C Brush. Women entrepreneurs: Implications of family, educational and occupational characteristics [C]. Proceedings Babson research Conference, 2004：255-270.

[160]Carter, Sara. Improving the numbers and performance of women-owned Businesses: Some implications for training and advisory services[J]. Education & Training, 2000(5)：326-333.

[161]Coleman S. Access to Capital and Terms of Credit: A Comparison of Men and Women Owned Small Business[J]. Journal of Small Business Management, 2000(3)：37-52.

[162]Shane S, Kolvereid L, Westhead P. An Exploratory Examination of the Reasons Leading to New Firm Formation across Courntry and Gender[J]. Journal of Resource Management Review, 1998(6)：431.

[163]St-Cyr L, Audet J, Carrier C, et al. Entrepreneurial Feminine manufacture: Characteristic Access a financing[C]. Proceedings of the congress international frame phone PME, October-HEC-Montreal, 2002：245.

[164]Akcomak S, Weel B T. Social Capital, Innovation and Growth: Evidence from Europe[J]. European Economic Review, 2009(42)：544-567.

[165]Aiken L S, West S G. Multiple regression: Testing and interpreting interactions[M]. Newbury Park, CA：Sage Press, 1991.

[166]H. Organizations Evolving[M]. Beverly Hills：Sage Press, 2000.

[167]Ardichvili A, Cardozo R, Ray S. A theory of entrepreneurial opportunity identification and development[J]. Journal of Business Venturing, 2003, 18(1)：105-123.

[168]Aldrich, Howard E. Cliff, et al. The pervasive effects of family on entrepreneurship: toward a family embeddedness perspective [J]. Journal of Business Venturing, 2003, 18(5)：573-584.

[169] Alexander Ardichvili, Richard N, Cardozo. A Model of The Entrepreneurial Opportunity Recognition Process [J]. Journal of Enterprising Culture, 2000, 8(2): 103-119.

[170] Arenius P, Minniti M. Perceptual variables and nascent entrepreneurship [J]. Small Business Economics, 2005, 24(3): 233-247.

[171] Baird L S, Thomas H. Toward a contingency model of strategic risk taking [J]. Academy of Management Review, 1985, 10(2): 230-243.

[172] Baum J R, Frese M, Baron R A. The Psychology of Entrepreneurship[M]. Lawrence Erlbaum Associates, 2007: 93-94.

[173] Bandura A. Self-Efficacy: Toward A Unifying Theory of Behavioral Change [J]. Psychological Review, 1977, 84(13): 191-215.

[174] Bandura A. Social Foundations of Thought and Action: A Social-Cognitive View[M]. Englewood Cliffs, NJ: Prentice-Hall, 1986.

[175] Bandura A. Social learning theory [M]. Englewood Cliffs, NJ: Prentice Hall, 1977.

[176] Barbosa Saulod, Kickul Jill, Liao-Troth Matthew. Development and Validation of a multidimensional Scale of Entrepreneurial Risk Perception[J]. Academy of Management Proceedings, 2007: 1-6.

[177] Baron R A. Opportunity recognition: A cognitive perspective[C]. Academy of Management Proceedings, 2004(1): A1-A6.

[178] Baron R A, Shane S A. Entrepreneurship: A process perspective [M]. Cincinnati: Southwest, 2005.

[179] Baron R M, Kenny D A. The moderator-mediator variable distinction in social psychological research: Conceptual, strategic, and statistical considerations[J]. Journal of Personality and Social Psychology, 1986, 51(5): 1173-1182.

[180] Bateman T S, Grant J M. The proactive component of organizational behavior: A measure and correlates [J]. Journal of Organizational Behavior, 1993, 14(2): 103-118.

[181] Bauer R A. Consumer behavior as risk taking: Dynamic Marketing for a Changing World[M]. Chicago: America Marketing Association, 1960.

[182] Baum J R, Locke E A. The relationship of entrepreneurial traits, skill and motivation to subse-quentventure growth [J]. Journal of Applied Psychology, 2004, 89(4): 587-598.

[183] Becherer R C, Maurer J G. The proactive personality disposition and entrepreneurial behavior among small Company presidents [J]. Journal of Small Business Management, 1999, 38(1): 28-36.

[184] Belson W R. The Design and Understanding of Survey Question [M]. Aldershot, England: Gower, 1981.

[185] Bird B. Implementing entrepreneurial ideas: The case for intention [J]. Academy of Management Review. 1998, 13 (3): 442-453.

[186] Bhave M P A. Process model of entrepreneurial venture creation[J]. Journal of Business Venturing, 1994, 9(3): 223-242.

[187] Boyd D P, Gumpert D E. Copingwith Entrepreneurial Stress[J]. Harvard Business Review, 1983, 61 (2): 44-52.

[188] Boyd N G, Vozikis G S. The influence of self-efficacy on the development of entrepreneurial intentions and actions[J]. Entrepreneurship Theory and Practice, 1994, 18(4): 63-77.

[189] Brockhaus R H. An exploration of factors affecting the entrepreneurial decision: Personal characteristics vs. Environmental conditions[J]. Academy of Management Proceedings, 1979(2): 364-368.

[190] Bruyat C, Julien P A. Defining the Field of Research in Entrepreneurship [J]. Journal of Business Venturing, 2000, 16(3): 165-180.

[191] Bygrave, William D. Theory Building in the Entrepreneurship Paradigm[J]. Journal of Business Venturing, 1993, 8(3): 255-381.

[192] Ronald S Burt. Structural holes [M]. Cambridge: Havard University Press, 1992.

[193] Burt R S. The network structure of social capital[C]. Research in Organizational Behavior, 2000.

[194]Busenitz L W, West G P, Shepherd D, et al. Entrepreneurship Research in Emergence: Past Trends and Future Directions[J]. Journal of Management, 2003, 39(3): 285-308.

[195]Carr J C, Sequeira J M. Prior family business exposure as intergenerational influence and entrepreneurial intent: A theory of planned behavior approach [J]. Journal of Business Research, 2007, 60(10): 1090-1098.

[196]Cases, Anne-Sophie. Perceived risk and risk-reduction strategies in Internet shopping[J]. International Review of Retail, Distribution & Consumer Research, 2002, 12 (4): 375-394.

[197] Cave E, Minty A. How do entrepreneurs view opportunities: Rose tinted Spectacles or the Real options lens? Frontiers of Entrepreneurship Research, proceeding of the Babson – Kauffman Entrepreneurship Research Conference [D]. Babson Park: Babson College, 2002.

[198]Godin K, Clemens J, Veldhuis N. Measuring Entrepreneurship: Conceptual Framework sand Empirical Indicators[J]. Springer Berlin, 2008.

[199]Wickham P A. Strategic Entrepreneurship[M]. Upper Saddle River: Prentice Hall, 2006.

附录一　农民工返乡创业调查问卷

省＿＿＿＿＿市（地区）＿＿＿＿＿县＿＿＿＿＿乡＿＿＿＿村

您好！此问卷不记姓名，本次调查的数据仅用于统计分析，我们对您提供的信息给予严格保密，请放心填答。感谢您在百忙之中抽出宝贵的时间进行问卷调查！

一、农民工基本情况

1. 性别：＿＿＿＿年龄：＿＿＿＿

2. 您的文化水平是（　　　）

A. 小学及以下　　　　　　　　B. 初中

C. 高中　　　　　　　　　　　D. 大专

E. 本科及以上

3. 您的健康状态（　　　）

A. 有病在身　　　　　　　　　B. 较弱

C. 无病一般　　　　　　　　　D. 很好

4. 您的婚姻状况（　　　）

A. 未婚　　　　　　　　　　　B. 已婚

5. 家庭人口数（　　　）

A. 3 个及以下　　　　　　　　B. 4 个

C. 5 个　　　　　　　　　　　D. 6 个

E. 7 个及以上

6. 家庭成年劳动力人数（　　　）

A. 1 个　　　　　　　　　　　B. 2 个

C. 3 个   D. 4 个

E. 5 个及以上

7. 您的兄弟姐妹个数(　　　)

A. 1 个   B. 2 个

C. 3 个   D. 4 个

E. 5 个及以上

8. 您外出务工的年限是(　　　)

A. 3 年以下   B. 4~6 年

C. 7~9 年   D. 10 年及以上

9. 您家庭拥有多少亩地(包括田)(　　　)

A. 0~5 亩   B. 6~10 亩

C. 11~15 亩   D. 16~20 亩

E. 20 亩以上

10. 家庭的年收入(　　　)

A. 3 万元及以下   B. 4~6 万元

C. 7~9 万元   D. 10~12 万元

E. 12 万元以上

11. 务工收入在您家庭收入中的比重(　　　)

A. 20% 以下   B. 21%~40%

C. 41%~60%   D. 61%~80%

E. 80% 以上

二、社会资本与农民工创业调查

1. 您是否愿意创业?(　　　)

A. 否   B. 是

如果愿意,您进行创业行动的动机是什么?(　　　)

A. 生存与发展的需要

B. 政府政策的激励和推动

C. 有相关工作经历的创业机会出现

D. 社会网络关系中的模仿与跟从

E. 实现自我价值的现实需要

F. 回报家乡的方式

您认为下列哪项最符合您的创业动机?( )

A. 生理需求   B. 安全需求

C. 社交需求   D. 尊重需求

E. 自我实现需求

2. 您对自己目前社会资本(个人型、组织型、制度型)的满意程度?( )

A. 不满意   B. 满意

3. 您所处的农村是何种类型的农村?( )

A. 原子化农村   B. 中部农村

C. 南方农村

4. 您在外务工的亲朋好友的个数是?( )

A. 10 个及以下   B. 11~20 个

C. 21~30 个   D. 31 个及以上

5. 您亲朋好友中是否有人为公务员、教师、医生、企业管理人员?( )

A. 否   B. 是

6. 您与亲朋好友的联系紧密度如何?( )

A. 几乎不联系   B. 偶尔联系

C. 经常联系

7. 您打工从事过几个行业?( )

A. 1 个   B. 2 个

C. 3 个   D. 4 个

E. 5 个及以上

8. 您目前从事的行业是?( )

A. 种植业   B. 制造业

C. 建筑业   D. 餐饮业

E. 商业   F. 其他

9. 您打工所在的地点是?（　　　）

A. 京津冀地区　　　　　　　B. 长三角地区

C. 珠三角地区　　　　　　　D. 西部地区

E. 其他

10. 您打工过程中是否参加过技能培训?（　　　）

A. 否　　　　　　　　　　　B. 是

11. 您打工过程中是否担任过管理岗位?（　　　）

A. 否　　　　　　　　　　　B. 是

12. 您是否了解政府关于农民工创业的相关政策?（　　　）

A. 否　　　　　　　　　　　B. 是

13. 您是否参加过创业培训?（　　　）

A. 否　　　　　　　　　　　B. 是

14. 您认为农民工进行创业的首选行业是什么?（　　　）

A. 种植业　　　　　　　　　B. 制造业

C. 建筑业　　　　　　　　　D. 餐饮业

E. 商业　　　　　　　　　　F. 其他

15. 您认为农民工创业的首选区域是哪里?（　　　）

A. 本村　　　　　　　　　　B. 乡镇

C. 县城　　　　　　　　　　D. 地级市

E. 省会　　　　　　　　　　F. 其他

16. 您认为农民工在创业过程中来自哪些组织的帮助很重要?（　　　）

A. 政府机构　　　　　　　　B. 创业产业园或科技园

C. 农民合作社　　　　　　　D. 农业龙头企业

E. 其他

17. 您最希望在创业过程中得到哪项政策的优惠?（　　　）

A. 税收政策　　　　　　　　B. 金融政策

C. 创业培训政策　　　　　　D. 其他

18. 您觉得您进行创业的最大优势是什么?（　　　）

A. 积攒了一定的资金

B. 有一定的人脉关系

C. 政府政策的支持

D. 外出务工学习到了一定的经验、技能

E. 其他

19. 您认为您创业最稀缺的社会资本是什么？（　　　）

A. 自己缺乏资金

B. 没有合适的创业项目信息

C. 缺乏创业的经验、能力以及销售渠道和社会关系

D. 不了解国家和政府的相关创业政策

20. 您认为创业成功最重要的因素是什么？（　　　）

A. 行业经验

B. 认知准备

C. 社会网络的广度与密度

D. 创意思维

E. 国家和政府政策支持

21. 您更倾向于下列哪种创业方式？（　　　）

A. 网络创业　　　　　　　　B. 兼职创业

C. 加盟创业　　　　　　　　D. 团队创业

E. 其他

22. 您认为创业风险最主要来自哪个方面？（　　　）

A. 资金筹集不足

B. 市场研究与创业规划不足

C. 信息沟通和信任不足

D. 创业管理能力的不足

E. 其他

23. 您面对风险的态度是？（　　　）

A. 风险规避者

B. 风险中性者

C. 风险偏好者

24. 您认为在创业过程中下列哪项社会资本应用策略对您最有帮助？

A. 社会资本借用

B. 社会资本积累

C. 社会资本联合

D. 社会资本继承

E. 其他

25. 您身边是否有农民工创业成功的例子？（　　）

A. 否 　　　　　　　　　　　B. 是

26. 您认为政府对农民工创业的支持力度大吗？（　　）

A. 无 　　　　　　　　　　　B. 较小

C. 中等 　　　　　　　　　　D. 较大

E. 非常大

附录二 农民工返乡创业案例调查提纲

1. 农民工契约型社会资本的主要表现形式是什么？个人型社会资本的主要表现是什么？组织型社会资本的主要表现形式是什么？

2. 通过大量的创业案例来说明，到底是什么类型，或是社会资本内容影响了农民工创业机会的识别？

3. 农民工创业行动的动力是什么？是什么原因导致他们创业，要结合案例的具体分析。

4. 农民工创业的行业选择是如何确定的？哪些因素对这样的行业选择产生了影响？

5. 农民工如何解决自己的资金需求？自有资金、银行借贷、民间借贷资金的构成是如何的？这些资金的获得都利用了何种社会资本？

6. 创业地点是如何选择的，创业者在地点的选择中最看重的是什么因素？结合案例来讲。

7. 农民工强连带社会资本的主要表现形式是什么？它如何影响了创业行动？提供相关案例。

8. 农民工弱连带社会资本的主要表现形式是什么？它如何影响了创业行动？提供相关案例。

9. 农民工信任关系动态发展的具体表现或是案例？

10. 社会资本与农民工创业绩效的数据分析，商业网络、网络连带、信任关系和机会创新性都是如何影响创业绩效的？

11. 农民工在村庄、乡镇创业的成功案例。

12. 农民工在村庄、乡镇创业的失败案例。